勿使前辈之遗珍失于我手

勿使国术之精神止于我身

董英杰

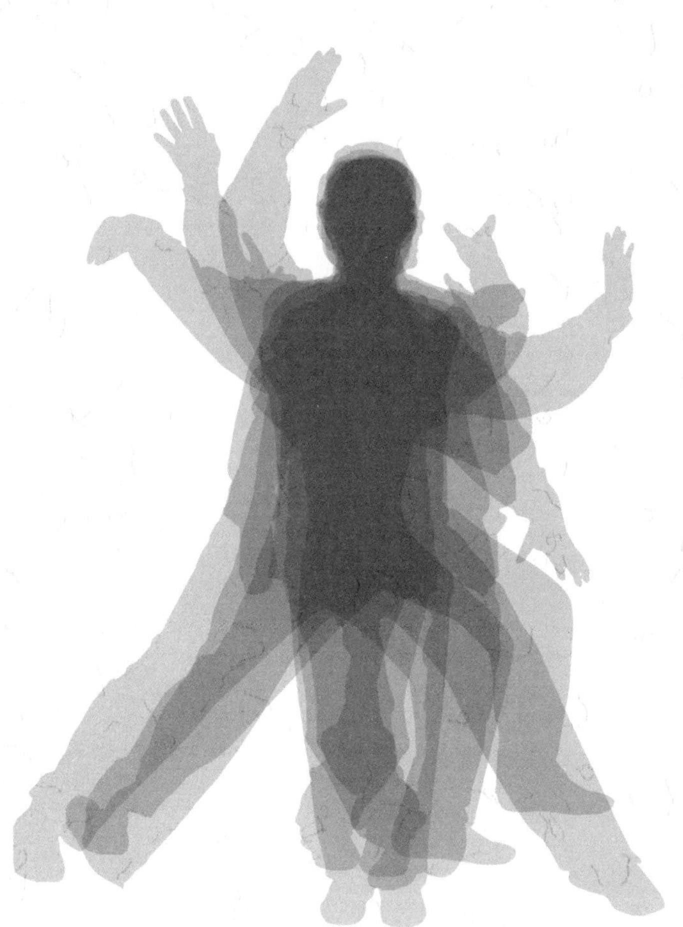

太极拳释义

武学名家典籍丛书

董英杰太极拳释义

董英杰·著
杨志英·校注

北京科学技术出版社

董英杰（1897—1961年），名文科，字英杰，河北邢台任县北街人，先后随刘瀛洲、刘增魁、李香远学拳，后拜在杨澄甫门下，习练杨架太极拳，成为杨澄甫极为器重的弟子，并助师教拳。1931年，董英杰协助杨澄甫出版了《太极拳使用法》。1936年，董英杰移居香港，常年往来于香港、澳门、泰国、新加坡、马来西亚教拳，是将太极拳传播到海外的先行者。1948年，著《太极拳释义》一书，于香港出版，影响巨大。董英杰集李香远所授之功劲、杨澄甫所授之轻灵于一体，加上自己体会颇深，所演拳势在杨澄甫架子基础上加以收敛，形成张弛有度、不速不迟、轻灵活泼、外柔内刚、气势卓然的独特风格，别具神韵。

太極拳釋義

感谢金仁霖先生收藏并提供版本

出版人语

武术作为中华民族文化的重要载体，集合了传统文化中哲学、天文、地理、兵法、中医、经络、心理等学科精髓，它对人与自然和谐共生关系的独到阐释，它的技击方法和养生理念，在中华浩如烟海的文化典籍中独放异彩。

随着学术界对中华武学的日益重视，北京科学技术出版社应国内外研究者对武学典籍的迫切需求，于2015年决策组建了“人文·武术图书事业部”，而该部成立伊始的主要任务之一，就是编纂出版“武学名家典籍”系列丛书。

入选本套丛书的作者，基本界定为民国以降的武术技击家、武术理论家及武术活动家，而之所以会有这个界定，是因为民国时期的武术，在中国武术的发展史上占据着重要的位置。在这个时期，中、西文化日渐交流与融合，传统武术从形式到内容，从理论到实践，都发生了巨大的变化，这种变化，深刻干预了近现代中国武术的走向。

这一时期，在各自领域“独成一家”的许多武术人，之所以被称为“名人”，是因为他们的武学思想及实践，对当时及现世武术的影响深远，甚至成为近一百年来武学研究者辨识方向的坐标。这些人的“名”，名在有武术的真才实学，名在对后世武术传承永不磨灭的贡献。他们的各种武学著作堪称为“名著”，是中华传统武学文化极其珍贵的经典史料，具有很高的文物价值、史料价值和学术价值。

首批推出的“武学名家典籍”丛书第一辑，将以当世最有影响力的太极拳为主要内容，收入了著名杨式太极拳家杨澄甫先生的《太极拳使用法》《太极拳体用全书》；一代武学大家孙禄堂先生的《形意拳学》《八卦拳学》《太极拳学》《八卦剑学》《拳意述真》；武学教育家陈微明先生的《太极拳术》《太极剑》《太极答问》。本书为第三辑之一。民国时期的太极拳著作，在整个太极拳发展史上占有举足轻重的地位。当时的太极拳著作，正处在从传统的手抄本形式向现代著作出版形式完成过渡的时期；同时也是传统太极拳向现代太极拳过渡的关键时期。这一历史时期的太极拳著作，不仅忠实地记载了太极拳架的衍变和最终定型，而且还构建了较为完备的太极拳技术和理论体系。董英杰先生是杨澄甫的得意弟子，并协助其教学多年，既有很高的武学造诣，又有丰富的教拳经验，可以说，如何把太极拳讲解并教授得让从学者心明身明，是董英杰终生的追求。不仅于此，他还将太极拳带到香港、澳门、新加坡、马来西亚。

这些名著及其作者，在当时那个年代已具有广泛的影响力，而时隔近百年之后，它们对于现阶段的拳学研究依然具有指导作用，依然被太极拳研究者、爱好者奉为宗师，奉为经典。对其多方位、多层面地系统研究，是我们今天深入认识传统武学价值，更好地继承、发展、弘扬民族文化的一项重要内容。

本丛书由国内外著名专家或原书作者的后人以规范的要求对原文进行点校、注释和导读，梳理过程中尊重大师原作，力求经得起广大读者的推敲和时间的考验，再现经典。

“武学名家典籍”丛书，将是一个展现名家、研究名家的平台，我们希望，随着本丛书第一辑、第二辑、第三辑……的陆续出版，中国近现代武术的整体风貌，会逐渐展现在每一位读者的面前；我们更希望，每一位读者，把您心仪的武术家推荐给我们，把您知道的武学典籍介绍给我们，把您研读诠释这些武术家及其武学典籍的心得体会告诉我们。我们相信，“武学名家典籍”丛书这个平台，在广大武学爱好者、研究者和我们这些出版人的共同努力下，会越办越好。

导读

我在太极拳学术研究上虽然小有成就，十余年来，一百多篇文章散见于《中华武术》《少林与太极》《中国功夫》《武当》《太极》《武林》《武魂》《搏击》等杂志。但是，当王跃平老师交来点校《太极拳释义》的任务时，我心中不免有些忐忑。点校拳谱，头一次接触，唯恐难当此任。可推辞的话又说不出口，再加上笔者对该书作者董英杰先生心存敬畏。于是，就硬着头皮去做尝试了。

说起来，笔者和董公多少有些渊源。因为，他学的太极拳就是从我们广府走出来的。再者，他和笔者的授业恩师吴文翰先生是同乡，都是邢台人。

董公英杰，名文科，字英杰。出生于光绪二十三年（1897年）农历十月初八日，卒于1961年7月5日，河北邢台任县北街人。祖上务农，自幼喜书爱棋，聪颖勤奋。因体质较弱，13岁时祖父让他跟刘瀛洲（当地著名镖师）学武强身。不久，刘又介绍他跟刘增魁（杨兆林弟子）学习太极拳。从此，与太极拳结缘，并成为毕生的追求。因进步很快，刘先生便把他推荐给李香远先生（郝为真弟子，人称“太极圣手”），系统学习时称“郝架”的太极拳。“苦练经年，技大进。李嘉之，命归家自练，约期造府传授。”（见《董师英杰事略》）数年后，董英杰亲赴北平拜在杨澄甫先生门下，习练“杨架”太极拳，遂成为杨师极为器重的弟子，随侍左右，助师教拳，往来于大江南北近十年。曾协助杨师出版《太极拳使用法》。1936 年移居香港后，先后在香港、澳门创立“董英杰太极拳健身馆”。他常年奔波于香港、澳门、泰国、新加坡、马来西亚教拳，弟子众多，如刘同禄、连忠恕、张忻、陈宁、颜福延、郝奇、宗之鸿、宗毛之、孙僧岑等。有三子一女，均称家学。子名：虎岭、峻岭、俊豹，女名茉莉。尤以虎岭、茉莉最为著名，长期在香港、美国等地传拳。

1948 年，董英杰著《太极拳释义》一书于香港出版，至今再版十余次，可见其影响之巨。董先生集李师香远所授之功劲、杨师澄甫所授之轻灵于一体，加上自己体会颇深，所演拳势在杨澄甫架子基础上加以收敛，形成张弛有度、不速不迟、轻灵活泼、外柔内刚、气势卓然的独特风格，别具神韵。他虽以教授杨式太极拳而享誉海内外，然而始终不忘嘱其子女孙辈修习“郝架”，即今之武式太极拳。人常说：杨、武太极（拳）本一家。这在董先生身上得到最好的体现。

《太极拳释义》为董先生倾心之作，然而，因时代有变、文风所致等，可能今人读来有些吃力。笔者怀敬畏之心勉力点校，以求通俗易懂。重在“点”，而疏于“校”。侧重于拳理、拳法、拳史的评述，力争点评到位。

笔者愚拙，资质尚浅，虽竭力为之，仍恐愧对先贤，贻误后学。假如有些许益处，亦慰吾心。谨记。

杨志英于广府

河北董英傑先生著

太極拳釋義

玄玄子署

太極拳釋義目錄

太極拳源流

拳論詳解

歌訣論解

習拳須知

黃序

中國拳術。自來分內外兩家。王士禎云。拳術之勇少林爲外家。武當張三峯爲內家。今海內流行之太極拳。則云傳自三峯也。攷三峯名通字君實。先世豫章人。後徙居遼陽。明洪武間。居湖廣武當山。湛通道法。技拳絕倫。所傳太極拳名十三勢者。有山右王宗岳於太極蘊義。闡發至盡。今所傳太極拳經。十三勢行功心解。皆宗岳撰也。宗岳以其技傳至浙江陳州同河南蔣發。由是其門人分傳南北。南由州同而傳遞張松溪。而葉繼美。而單思南。而王征南。皆浙東人。以松溪征南爲最著。後不得其傳。北則由蔣發傳之陳家溝陳姓。數代而繼之陳長興。長興傳之楊祿禪。祿禪河北廣平人。盡得長興祕傳。益以苦練技臻絕境。聲華最顯。愛好拳術者。多從之學。稱弟子焉。祿禪有子三。長鳳侯次班侯三建侯。均傳其學。班侯建侯二人傳其家。中有振遠少侯澄甫。班侯建侯又傳至外姓弟子數人有陳秀峯萬春全佑凌山王茂齋等。其他惜未能一一知其名字云。自祿禪以來。先後垂五十年。太極拳幾爲楊氏之家學。自南方香火失繼。此道獨行於北方。凡黃河兩岸。燕山太行。紹其統緒者不可勝逑。自荆楚而吳越。五嶺以南之流行乃爲後來事耳。

太極拳象徵陰陽循環之理。陰陽也。虛實也。動靜也。開闔也。循環周行。貫串延綿不斷也。由此陰陽虛實開闔動靜。而周行貫串循環不斷。其運動變化無窮。凡外家拳必硬必快。練太極雖柔慢。用時則神速。柔取其圓轉綿延。慢所以靜。靜所以定。故能以靜待動。以柔尅剛也。太極拳最貴虛實。而忌雙重。雙重謂無虛實也。虛實之間。必有重心。曰中定。每一虛實皆有中定。有變化。中定之機。其根在脚。發於腿。主宰於腰，而形之於指。其動作而鼓盪。則沈死。鬆胯。

淨腹。涵胸。拔背。沉肩垂肘。以此鼓盪。發而爲一種潛在之內力。內家不名之曰力而名之曰勁。勁之爲義有五曰粘。曰連。曰黏。曰隨。曰不丟頂。粘者提上拔高也。連者貫也。不中斷也。黏者貼也。彼進我退。而彼退我進也。隨者從也。舍己以從人也。不丟頂者。言不丟。不頂。不脫離。不抵抗。不搶先。不落後。如粘。如黏。而丟之不開。投之不脫也。其精義則總括之於十三勢。十三勢者八門五步也。八門四正方四斜方也。亦卽掤。攦。擠。按。採。挒。肘。靠。之八法也。五步則前進。後退。左顧。右盼。中定也。或以八門比諸八卦。五步比諸五行四方四角。而陰陽開闔。迴環不斷。故十三勢又名長拳。長拳者。如長江大海滔滔不斷也。至其精微玄妙之處。所謂沉着鬆靜。所謂氣鼓盪神內斂。所謂人剛我柔。我順人背。所謂極柔軟而後極堅剛。所謂以心行氣。以氣運身。所謂力由脊發。步隨身換。所謂動急急應。動緩緩隨。所謂心爲令。氣爲旂。腰爲纛。所謂先心後身。氣斂入骨。已詳於宗岳所論。非有經久之體驗。具甚深之造詣。莫能領會。中國拳術。無論外家內家。均各有獨到之處。其所以不宏。或竟至中道斬絕。厥故有五。歷來教法之不尙。與學者之畏難一也。授受悉憑口耳。無文字記載以補口耳之不足二也。卽或有之。專講文字空談理論。而不求太極拳眞功夫自損其價值三也。門戶各立。勢同水火四也。歷代重文輕武。士大夫故作鄙夷五也。有此五因。中國拳術。乃淪於市井之技。無由達於社會。晚近國人漸知。提倡拳術。不遺餘力。南北內外各家長足競進。省市部會。均有拳社之創立。公開研究。力矯已往之失。而學校功課。亦以體育爲重。中國人種之改造。此其轉機乎。

河北董英傑先生。今中國太極拳之名師也。出楊氏澄甫門。爲楊學嫡傳。數十年寢饋斯道。未嘗一日間斷。足跡遍南北各省。所至授徒。善誘不倦。門人述其軼事甚多。嘗與人交手。從容若定。其人奮拳擊先生。先生不以爲意。略一推手。其人已跌出丈外。是先生之技。已由妙境而進於化境矣。余於南北內外各家之拳。均愛好而未嘗學。廿五年冬。執役北平中法大學。聞有洪君者。精太極拳。始學焉。法國友人邵可侶先生。執教北京大學。亦學焉。惜爲時未久。南歸以後。强半荒廢。及來濠鏡。始識先生。最近先生編太極拳釋義一書。凡二百六十圖。由王君希逸爲攝影。徵序於予。余非能太極拳。不過略解其意。因抒鄙見。述其大要如此。

黃尊生

林序

太極拳之動作與運動。無處不合於生理衛生之條件。故體鬆勁柔。所以無激烈之害。一動全身皆動。所以無偏頗之弊。以意運身。呼吸自然。所以無滯氣損肌之患。立身中正。不偏不欹。所以有矯正姿勢之效。且氣歛入骨。有易骨換髓之妙。意之所至。更可使不隨意之肌肉亦能動彈。氣沉丹田。則臟腑隨之而蠕動。神凝氣固。則精液不散。習之者能使神經健全。呼吸深長。血液流通。消化增良。排洩暢通。而助新陳代謝之功用。習之既久。更能使身體靈活。思想敏捷。及養成持久耐勞忍苦等美性。而予吾人事業上教育上以莫大之助力。其在身體上之價值。實爲妥善之運動。且他種運動。須有廣大場所。多項器械。及集合多人。方能實行。或則宜於壯者。不宜於老幼。太極拳則不然。無須廣大場所。置備器械。復免集合多人同習之煩。一人可練。多人亦可練。宜男宜女。宜老宜幼。其實施便利。既合體育生理衛生各條件。復爲終身可練有永久性之運動。誠有體有用盡美盡善之國粹體育。高尚道德之人。盍一致提倡。以福我同胞。而闡揚我國光也。

弟子　林伯炎謹

胡序

吾國拳術。大別之爲內外功兩派。而有益身心。收効極宏。莫若內功太極拳。蓋外功拳術尙力。太極拳尙氣。外功尙剛。太極尙柔。故無論男女老少壯弱。均可學習之。鄙人素稟孱弱。早年曾患氣促痰喘。屢醫罔效。旋得一同學黃君勸習太極拳。幷授以運動方式。據稱毋須服藥。習旣久諸病自除。遵之。初習旬餘。味同嚼蠟。復據黃君屢道此中神妙。姑耐心習之。月餘漸覺精神煥發。興趣盎然。由是習之不懈。不一年諸病悉除。迨民廿七年。避難香江。復得太極拳專家楊澄甫嫡傳董英傑先生。將從前所學方式。加以矯正。幷授以陰陽開闔伸縮疾徐呼吸相應之理。忽忽習又數年。遂將從前一切萎靡不振之態。廓而淸之。益覺丹田氣壯。血液暢通。體重不加肥。遇勞不覺倦。其功眞非筆墨所能殫述。鄙人奉以爲護身驅病至寶。日必習之。如服一貼補藥焉。玆者董先生將太極拳釋義刊印成書。鄙人謹以獲益於斯道。略述數言於此。

及門　胡文軒謹述

周序

我國人之謀健康者。恆取資於飲食與丸餌。實則烹宰傷生。藥物鮮當。其收效之能否神速。殊屬疑問。西人大不謂然也。西人圖强。注重運動。運動技術。千端萬緒。要皆視如菽粟水火。不可一日離。是以修幹偉軀。以侏儒目我。不知我國運動。固有出神入化之國粹。不獨西人所未喻。卽我國老年拳術家亦未有諳其奧妙者。則太極拳是也。太極拳創始於武當張三丰祖師。師偉人。亦屬異人。其手創拳術拳名。有十三勢。凡三十七式。二百六十紀。採天地陰陽之精理。變化無窮。其循環旋轉。又如日月之不息。神而明之。可以愈羸。可以益壽。亦可以禦侮。其術由北而南。身受益處。何止千百。不知凡幾矣。予患胃病。經已數載。每苦飲食之窒礙。居恆鬱鬱不安。天假之緣。前數年董師英傑因香港事變來澳。同人設館於天天俱樂部。奉爲導師。日鍛月鍊。予亦捧手其間。習至四月。飲食增進無礙。再越兩月。其病若失。迄今數年。體量亦較增重。設非予身受其益。斷不信運動之效可至於此。然亦幸遇董師耳。

弟子　周蘭陔謹述

譚序

太極精微重守中　璇機變化妙無窮

董師編纂成書後　上下相隨盡景從

受業　譚耀川敬頌

黃序

鄙人素稟孱弱。冬令頻冒傷風。曾於二十年前。在書坊購得八段錦一本練習。但雖按圖仿學。始終乏師指導。其中奧妙之處。茫然無知。引爲憾事。久聞河北。董英傑先生。爲中國太極拳名師。出自　楊師澄甫老先生之門。足跡遍江南各省。所至備受歡迎。民廿八年。　董師適蒞香港。仝人於是年四月。敦請　董師來澳教授。假寄閒地方爲館址。月來教數次。得黎君杜石爲佐教。遂與同志等每晨練習。黎君亦循循善誘。迨香港事變後。請　董師來澳。朝夕得聆檠誨。由鄙人商借平安戲院習早場。孔教學部習夜場。風雨無間。數年以來。不特前病若失。覺精神體魄。似比前猶勝。鄙人今年已六十又五矣。步履視往昔較爲穩健。謂非太極拳之功。其可得乎。今夏　董師將太極拳釋義刊印。鄙人謹將獲益於太極拳者。略述數言。

及門　黃豫樵謹述

董序

余拜師傅。學了三年。練功七年。十遍寒暑。三易肥瘦矣。精神足滿。眼神光芒外射。渾身不怕打。不知病。惟打人未敢魯莽耳。時盼我師滋滬。續請教誨。以完初志。

得道傳道大行其道　練功成功不負此功

吾師拳書編成。略上淺言。非敢荒唐。因近習拳同志。皆知拳能養身。不知拳能防身。學成柔而無能。如此以往。將來失其謂之拳乎。故此語激勵同志。有恆學深造也。

弟子　董世祚

溫序

吾國拳術。大別分爲內外兩家。各家以相傳日久。取法漸有分歧。迄今派別雖多。然能運用輕靈。法尚神妙者。其爲太極拳乎。太極拳創自宋末張三峯先生。由太極變化而成拳。能以靜制動。以柔制剛。日常練習。可以健身。可以延年。造詣較深。則更可以禦侮。自明迄今。代有傳人。薪火綿延。不絕如縷。自楊澄甫祖師出。道乃大行。英傑老師爲楊祖師高足。躬承衣砵。追隨杖履者。幾及二十年。荷厥甄陶。藉其砥礪。用能探玄窺祕。識遠智微。模楷友生。津梁後學。二十年前。廣州習拳同志禮聘來粵。廣傳絕技。法針砭俗。神手點金。青衿組帶。濟濟趨塵。高蓋華軒。侁侁捧手。或坐風而立雪。或負笈而袪衣。若水歸墟。如星拱極。顧盼感風雲之氣。吹噓揚行素之芬。甚盛事也。今日者。樹既成蹊。鍼皆補袞。待用者。不爲恆絲庸帛。就植者。自非苦李寒桃。點瑟堪誇。尼牆可接。顧以及門之既衆。遂思睽跡之恆多。徒切山高水長之思。不少雲飛泥滯之慨。是用有釋義之作。將以永銘教澤。共企光輝。豈惟道統之克傳。庶幾聲氣之同應。淵源有自。宗派斯尊。驥尾可追。龍門未遠。亦及門諸子所樂聞歟。是爲序。

溫伯琪

玄玄子序

河北任縣董英傑先生。幼好技擊。讀書之暇。遍訪名師。虛心請益。燕趙之間。本多悲歌慷慨之士。先生近水樓台。得各派眞傳。嗣遇順德李香遠先生授以內家拳太極十三勢。功益精進。各播遐邇。先生時已三十餘矣。自覺未能登峯造極。擬再訪名師。以求深造。輾轉數省。訪師實難。後聞楊氏太極拳乃天下眞傳。先賢楊祿禪之孫楊澄甫先生。時授徒北平。先生負笈往投。隨師南下。程門立雪者十年。澄先生鑒其意誠。盡將所得授於先生。先生推而化之。期年豁然貫通。輕靈剛柔。變化無方。先生曾曰。昔日師尊諄諄教誨。當時不明其意。一旦貫通。方悟一言一動。盡屬玄妙。集李氏之功勁。楊氏之輕靈於一身。師恩難忘。今日方知太極拳也。竊思强國必先强種。强種必先强身。如各國之於拳擊。甚爲重視。吾國國粹豈能任令其湮滅。乃請之先生。將所學心得。製成圖文。刊行海內。俾好武同志。有所借鑑。庶幾先賢之學。不致湮滅。先生曰。吾所願也。吾所吝者。不肯妄傳匪人耳。既志在發揚國粹。吾當盡其所學暨先賢留傳口訣。附以圖表。刊行海內。定名曰太極拳釋義。供好學諸君子備作參考。先生是書。言昔人所不言。發今人所未發。一卷刊行。定當洛陽紙貴。精奧備錄。實好學者之福音也。

戊子秋七月玄玄子序於香島

自序

古者六藝。禮、樂、射、御、書、數。絃歌而外不廢武事。拳術與古六藝之中射字同其意義。可作藝術推手進步之研究。但祇應用以防身。不可挾勇而打鬥也。習拳同志。當以禮讓，道德，忍耐、涵養爲先。張良論中云。古之所謂豪傑之士。必有過人之節。人情有所不能忍者。匹夫見辱。拔劍而起。挺身而鬥。此不足謂勇也。（此言不可挾勇打鬥）。又云。天下有大勇者。無故加之而不怒。言其有忍耐、涵養。此所以挾持大而其志甚遠也。練壯身體。作大事業。爲國家有用之才。其志在斯。

孟子云。天將降大任於是人也。必先苦其心志。勞其筋骨。此言人當運動。尤須恆心毅力。練太極拳應不畏勞苦。以數月之艱辛。換取終身之康泰。其受用爲何如耶。

禮讓　道德　忍耐　涵養　練功

董英傑

武當山祖師觀雀蛇鬥智圖

太極拳。傳自張眞人。眞人遼東懿州人。道號三峯。生宋末。身高七尺。鶴骨松姿。慈眉善目。修髯如戟。頂作一髻。寒暑唯一箬笠。手持拂塵。日行千里。洪武初至蜀太和山。結庵玉虛宮修煉。後至陝西寶雞山。又入湖北武當山。與鄉人論書經。談說不倦。一日在屋誦經。有喜雀其鳴特異。眞人憑窗視之。雀在柏樹如鷹俯瞰。地上有一長蛇。蟠結仰視。一物相爭。雀鳴聲飛下。展翅扇打。長蛇搖首微閃避過。雀一擊不中。翻然飛返樹上。移時性燥。又飛下翅打。長蛇復蜿蜒輕身閃過。仍作圈形。如是多次。並未打着。後眞人出視。雀飛蛇走矣。眞人由此而悟。蟠如太極。採剛柔。按太極陰陽變化。組成太極拳。養精氣神。動靜消長。通於易理。傳之久遠。而功効愈著。北京白雲觀。陝西寶雞山。現存有眞人聖像古蹟。可供瞻仰云。

著者像

民國卅年英傑太極拳同門合照攝於香港

民國卅三年甲申十月初八慶祝董夫子生辰太極拳社同人合影

民國三十八年十一月廿七日董老師壽辰香港英傑太極拳同人公宴攝影

公曆一九五三年元月四日英傑太極健身院仝人歡宴董虎嶺攝影

一九五五年雪蘭莪精武體育會歡迎董英傑先生大會同人合影

一九五六年泰國英傑太極拳同門歡迎董虎嶺先生合影

一九五七年十月初八日董先師壽辰與香港英傑太極拳同人合照

迎門英傑太極拳社同學會聯歡紀念

新嘉坡九龍堂太極拳健身班開學紀念暨本坡新舊同學合影 一九五八年九月二日

著者手書

董師英傑事略

董師河北任縣世家也。祖業農。幼聰穎。惜體弱。童年好讀書。兼嗜習武事。請於祖父。許之。適其世好劉瀛州先生在座。劉爲老拳術家。曾與廣府太極拳名師楊老振先生爲盟友。深知太極爲最高之拳術。祖命拜劉氏學習。劉問志。答曰願學天下最好之武術。健身自衛。他日功成必發揚國術之光。劉羨其志。隨先授一個攬切衣。時劉氏已年逾古稀。祇可耳提口授。經數月請老振先生之弟子李増魁。授完全套太極架子（卽十三式）。越年劉氏攜吾師往會甯村訪李香遠先生。李府石屋高聳宅壯如城。李迎劉於門外。見李年少儒雅。彬彬有禮。至宅坐談。未久劉命跪呈帖拜師。李師隨命演拳一看。後又授以用法。使一中指用內勁微按肌膚。痛入骨髓。吾師神其技。知爲隱居高人。遂留居苦練經年。技大進。李嘉之。命歸家鄉自練。約期造府傳授。及抵家園。體魄魁梧。不復當年荏弱矣。

自是闢室自居。文武兼修。廣納豪傑。每有訪者。必留居之。日必酒肉盛待。以武會友而求博學。未幾好學慷慨之名不脛而走。身懷絕技者亦遠道而來。面授精奧。吾師獨愛太極拳。慕北平楊氏名。又別鄉井再求深造。抵平時。友好每謂楊氏功夫代不外傳。請毋徒勞。吾師曰。惟志誠能感天地。昔武俠劍俠皆義氣待師。忠實感情而得傳。已有前例。厚待師傳得眞傳殊非難事也。拳如不外傳何以得自陳家溝。依法求學得到而後已。乃踵門拜楊師澄甫先生爲師。求學不倦。迨楊太老師南來攜吾師同行。隨侍晨昏三年。功臻輕巧矣。時有機緣得遊南京、上海、杭州、蘇州、各處名勝。遊山玩水。藉以會友。寓蘇州時。前師李香遠先生來蘇。吾師狂喜叩拜。

李曰知汝好學。隨楊師足跡遍大江南北。今以師徒之份特來訪。知汝功夫尚未到家。南方有功夫之拳術家甚多。恐汝吃虧。於師傳名譽不雅。今再傳汝內勁功夫。囑要悟、要練、自成。庶可放心矣。李師往蘇州年餘始北行。二十年前。楊師應廣州之聘。吾師隨太老師南來。又得恭侍左右。時已隨楊師十年。到至誠感應。楊氏家學亦已得之矣。嗣後與師弟楊守中共承衣砵。留粵宣傳太極拳術。以繼師志。十餘載於茲。桃李芬芳。遍布國內外。粵港陷落隱居澳門時。頗愛書畫。日以品茗著述自遣。不問世事。其品格清高。殊堪敬佩。而偶一興至。必演其身手。以示來徒。動如遊龍。靜似山岳。具輕靈沉靜之巧。及試其運勁各種妙法。或輕舒猿臂。發人於丈外。或蓄勁含胸。化巨力如擊絮。虛虛實實。神乎其技。設非身歷其境或個中健者。似未敢置信。夫子之道誠高深莫測也。吾師嘗言得楊師口授。得李師指點。不敢自當成功。但知眞太極拳門徑耳。

弟子　李琪佳

太極拳系統表

張三丰祖師　王宗岳

- 北支派—蔣發—陳家溝數代—陳長興
  - 楊祿禪
  - 子姪輩
- 南支派
  - 張松溪
  - 王來咸

上為四明支派傳人不詳

楊祿禪

- 長子鳳侯未傳人
- 次子班侯
  - 陳秀峯
  - 姪兆林字振遠鳳侯子
  - 外姓數人
- 幼子健侯
  - 子兆熊字少侯
  - 子兆清字澄甫
  - 外姓數人

英傑受業於

楊老師澄甫。吾　師所傳弟子遍於海內。人才傑出者。何止千人。實難一一備錄。尚希諸位師兄見諒。余在上海、廣州、港、澳、各地。所授亦在數千以上。亦不及一一備錄。希諸友見諒為禱。

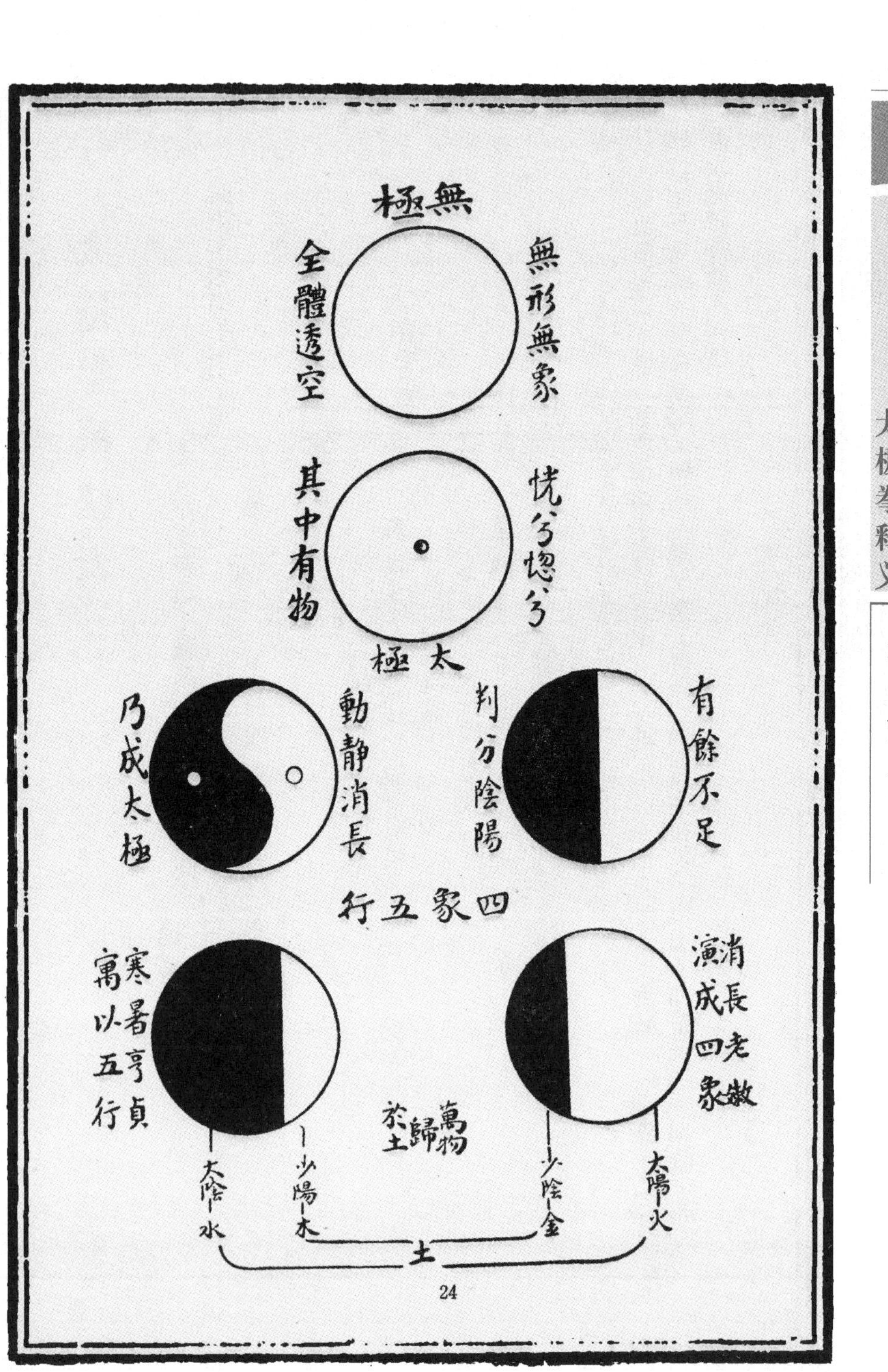
無極
無形無象
全體透空
恍兮惚兮
其中有物
太極
動靜消長
乃成太極
判分陰陽
有餘不足
四象五行
消長老嫩
演成四象
寒暑亨貞
寓以五行
萬物歸於土
太陽火
少陰金
少陽木
太陰水
土
24

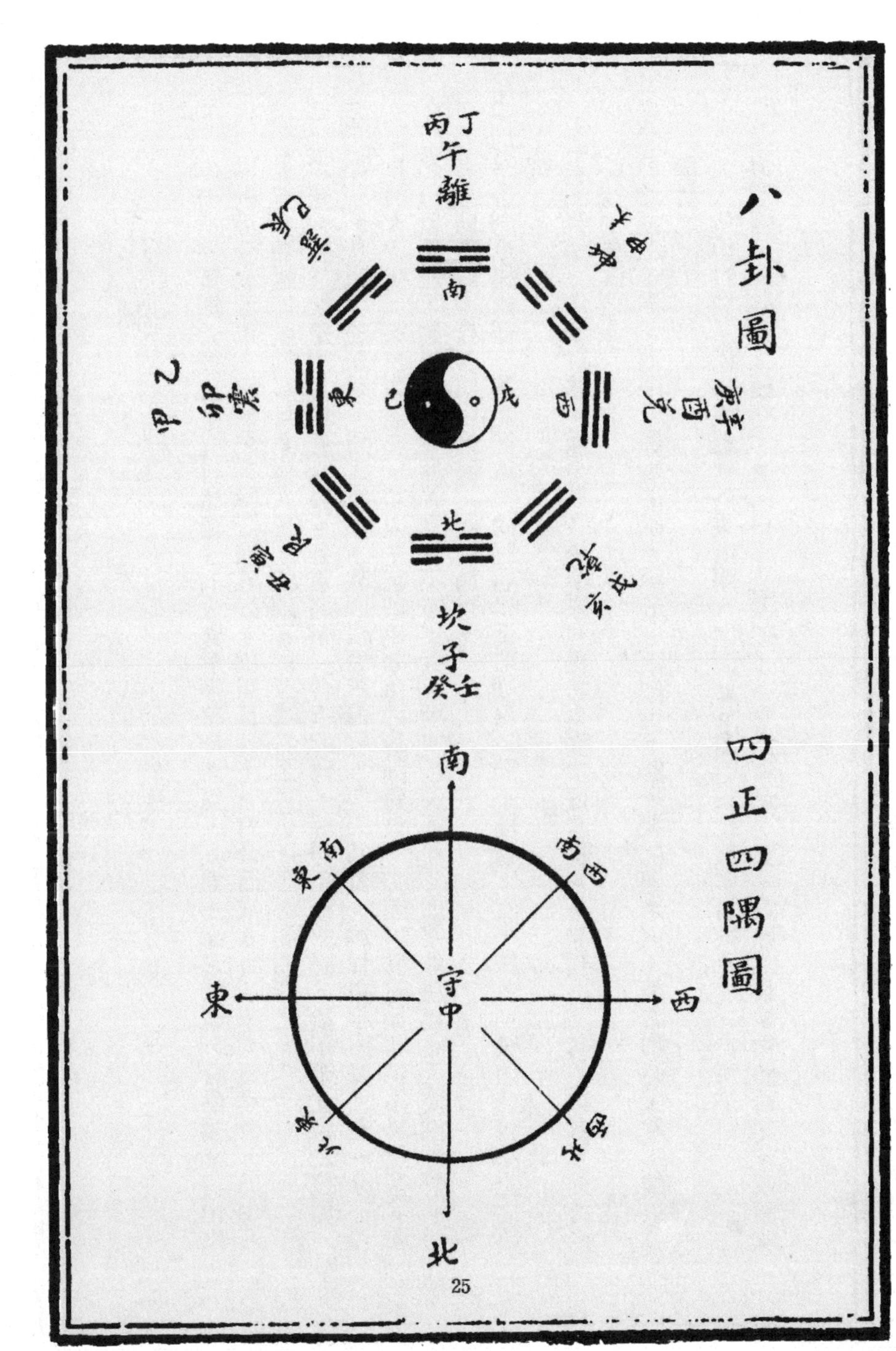

八卦圖
丁 丙
午
離
南
東
西
北
坎
子
壬 癸
四正四隅圖
南
東
西
北
東南
西南

凡例

(一)本書所列無極太極八卦五行諸圖。乃先賢解釋學理之用。其意由無形無象判分陰陽。再由陰陽動靜分成四象。四象之老嫩演成五行。山川日月上下六合而成八卦。學太極拳者。乃由八卦五行練起。至無形無象而大成。故讀者以符號目之可也。不必泥而究之。

(二)本書太極拳架子圖共二五八幅。各有名稱。各有解釋。解釋不厭求詳。故不求文字之茂麗。

(三)架子圖所以示範後學。用代原人。故必須力求追肖。勿失其眞。例如古字古畫。差一分一厘卽神彩盡失。毫無價値矣。若架子圖祇用摹仿之繪圖畫像。必難得眞確。非但不易遵循。更恐以訛傳訛。貽誤於人。故著者特不惜工資。製成精美圖片。庶使能顯現原人姿態神情。學者按圖索驥。自易明白領悟。進步加速。

(四)是書乃發揚國粹。不湮眞傳。故將心得全部刊出。辭不模棱。文不掩飾。公開作科學上之研究。

(五)昔人授拳。僅授口訣。極少形之於筆墨。現將先賢遺留歌訣。全部刊出。其不詳者。再於經驗談中補述之。

(六)經驗談二十則。乃平素經驗之談。諺云。欲知山下路。要問過來人。讀者細心體會。勿以等閑目之。

(七)前人所傳口訣。僅輕靈鬆軟外柔內剛八字而已。學者以此八字對核原文。自可領悟。

(八)外界有云。楊氏太極拳。有大中小三套架子。實則僅此一套。練熟之後。由熟而化。或高或低。或快或慢。隨心所欲。編者於四十年前。見鳳侯先生之子兆林先生之拳。係楊班侯先生親授。乃係緊湊之架子。打來不快不慢。澄甫先生係寬大柔綿而緩。少侯先生則緊湊而速。余乃集三位先生之意。收斂而不速不遲。此乃成功之後。隨心所變者也。倘初習者。仍以澄甫先生之架子爲根基。希讀者勿疑架子爲三套也。

(九)有云。太極拳功勁。有一部份失傳。此係欺人之談。倘盡心研究。必可得全體大用之一步。惟須有勤恆兩字。

(十)練拳爲基本。如學字先寫九宮格也。練成之後。正草隸篆。隨心所欲。至各種兵器。亦然如此。拳成之後。無論何種兵器。均可得心應手。其原理卽將手接長一部份而已。學者以此揣摩。卽可領會。

太極拳源流論

太極拳之名。始於何時。稽諸史實。未有確論。相傳始祖係宋時張三丰。因偶覩雀蛇相鬥。悟剛柔之理。按太極陰陽變化。創爲太極拳。其詳見上張三丰祖師觀雀蛇鬥智圖小記。而宋氏家傳太極功源流支派論。則稱唐代許宣平已有太極功。雖不稱拳而稱功。然所載三十七式。與楊家所傳者。名稱大致相同。想太極拳由來已久。至張三丰而集其大成。至王宗岳而發揚光大。其傳流派系。卷首序文已詳及。太極拳系統表更列而明之。毋庸贅述。考昔之言武技者。多守祕自珍。不妄傳人。有之亦多出於口授。鮮有形諸筆墨。縱有祕笈。亦不易流傳於外。欲引證考據。殊非易易。然張三丰之於太極拳。猶孔子之於儒家。學者宗之。乃尊師重道之義。千百年來。奉敬不渝。後學更無置疑之必要。下文宋氏所記。聊供參考云耳。

宋氏太極拳源流支派論

宋遠橋記

所謂後代學者不失其本也。自余而上溯。始得太極之功者。授自唐代于歡子許宣平。至余十四代。有斷亦有繼者。許先師係江南安徽州府歙縣人。隱城陽山。卽本府城南紫陽山。結茅南陽辟穀。身長七尺六寸。髯長至臍。髮長至足。行及奔馬。每負薪入市販賣。獨吟曰。負薪朝出賣。沽酒日夕歸。借問家何處。穿雲入翠微。李白訪之不遇。題詩仙橋而回。所傳太極功之拳名卅七。因三十七式而名之。又名長拳者。所云滔滔無間也。總名太極拳三十七式。名目書之於後。

四正四隅　雲手　彎弓射雁　揮琵琶　進搬攔
簸箕式　鳳凰展翅　雀起尾　單鞭　上提手
倒攆猴頭　摟膝抝步　肘下捶　轉身蹬脚　上步栽捶
斜飛式　雙鞭　翻身搬攔　玉女穿梭　七星八步
高探馬　單擺蓮　上跨虎　九宮步　攬雀尾
山通背　海底珍珠　彈指擺蓮　轉身指點捶　雙擺蓮
金鷄獨立　泰山生氣　野馬分鬃　如封似閉　左右分脚
掛樹踢脚　推擬　二起脚　抱虎歸山　十字擺蓮

此通共四十三手。四正四隅。九宮步。七星八步。單鞭。雙鞭。雙擺蓮在外。因自己多坐用功夫。其餘三十七數。是先師所傳也。此勢應一勢練成。再練一勢。萬不可心急齊用。三十七勢。亦無論何勢先。何勢後。只要一上。將勢用成。自然三十七勢。皆化爲相繼不斷也。故謂之長拳。脚踏五行。懷藏八卦。脚之所在。爲中央之土。八門五步。以中央爲準。俞氏太極功。名曰先天拳。亦曰長拳。得唐李道子所傳。李道子係江南安慶人。至明時嘗居武當山南岩觀。不食煙火。第啖麥麩。故人稱之曰麩子李。又稱夫子李。見人不語他。惟曰大造化三字。然既云夫子李係唐時人。何以知明時之夫子李。卽是唐代之夫子李。緣予游江南涇縣。訪俞家。方知俞家先天拳。亦如予之三十七式。太極之別名也。俞家太極功。係唐時李道子所傳。俞氏代代相承。每歲必拜李道子之廬。至宋時尚在也。越代不知李道子所在。嗣後予偕俞蓮舟游湖府襄陽廣均州武當山。見一道人蓬頭垢面。呼俞蓮舟曰。徒再孫焉往。俞蓮舟怒曰。汝係何人。無禮如此。我觀汝一掌必死。道人曰。徒再孫且看汝出手。蓮舟怒極。進步連掤帶捶。但未近身。道人飛起十餘丈。平空落下。矻立無損。蓮舟謂道人曰。汝總用過功夫。不然能敵我者鮮矣。道人曰。汝與俞清慧俞一誠相識否。蓮舟悚然曰。此皆予上祖之名也。急跪曰。原來是我之祖師。李道子曰。我在此數十寒暑。未曾開口。汝今遇我誠大造化哉。汝來吾再以功夫授汝。自此蓮舟不但無敵。並得全體大用矣。蓮舟與余常與張松溪、張翠山、殷利亨、莫谷聲相往還。後余七人再往武當山拜李祖師未遇。於太和山玉虛宮見玉虛子張三丰。三丰蓋張松溪張翠山師也。洪武初即在此山修練。余七人在山拜求請益者月餘而歸。松溪翠山拳名十三式。亦太極功之別名也。李道子所傳蓮舟口訣曰。

無形無象　全體透空　應物自然　西山懸磬
虎吼猿鳴　水清河靜　翻江播海　盡性立命

王宗岳太極拳論

太極者。無極而生。陰陽之母也。動之則分。靜之則合。無過不及。隨曲就伸。人剛我柔謂之走。我順人背謂之黏。動急則急應。動緩則緩隨。雖變化萬端。而理爲一貫。由着熟而漸悟懂勁。由懂勁而接及神明。然非用力之久。不能豁然貫通焉。虛靈頂勁。氣沈丹田。不偏不倚。忽隱忽現。左重則左虛。右重則右杳。仰之則彌高。俯之則彌深。進之則愈長。退之則愈促。一羽不能加。蠅蟲不能落。人不知我。我獨知人。英雄所向無敵。蓋由此而致也。斯技旁門甚多。雖勢有區別。概不外乎壯欺弱。慢讓快耳。有力打無力。手慢讓手快。是皆先天自然之能。非關學力而有也。察四兩能撥千斤。顯非力勝。觀耄耋能禦衆人。快何能爲。立如平準。活如車輪。偏沉則隨。雙重則滯。每見數年純功。不能運化者。雙重之病未悟耳。欲避此病。須知陰陽。黏卽是走。走卽是黏。陽不離陰。陰不離陽。陰陽相濟。方爲懂勁。懂勁後。愈練愈精。默識揣摩。漸至從心所欲。本是捨己從人。多誤舍近求遠。所謂差之毫釐。謬之千里。學者不可不詳辨焉。是爲論。

王宗岳太極拳論詳解

太極者。無極而生。陰陽之母也。

【解】不動爲無極。已動爲太極。無極生太極。太極分陰陽。由陰陽演爲變化萬象也。

動之則分。靜之則合。

【解】凡練太極。心意一動則分發四肢。太極生兩儀。四象。八卦。九宮。卽掤攦擠按採挒肘靠中定也。靜則反本還元。復歸無極。心神合一。滿身空空洞洞。稍有接觸卽能知覺。

無過不及。隨曲就伸。

【解】不論練拳對敵。毋過毋不及。過與不及皆失重心點。如敵來攻我順化爲曲。曲者灣也。如敵來攻不逞欲退。我隨彼退時就伸。伸者出手發勁也。過有頂之弊。不及有丢之弊。不能隨曲謂之抗。不能就伸謂之離。謹記丢頂抗離四病而去之。功到不卽不離。方能隨手湊巧。運用自如。

人剛我柔謂之走。我順人背謂之黏。

【解】與人對敵。如對方出力剛直。則我用柔軟之手搭上。如皮鞭鞭物。緊緊纏搭在彼勁上。能放能長。對方縱欲摔開甚難。譬如彼出大力。我隨粘其手腕往後坐身。但手仍緊搭不離。往懷收轉半個圈謂之走。走爲化。以化其力。向其左方伸手使敵身側不得力。則我爲順。人爲背。黏之使不能走脫也。

動急則急應。動緩則緩隨。

【解】今者習拳同志多知柔化。不知急應之法。不易與外功對敵。如敵來勢緩則柔化跟隨。

此理甚明顯。如敵來勢急則柔化焉能應付哉。須用太極截勁之法。不後不先之理以應之。何謂截勁。如行兵埋伏突出截擊也。何謂不後不先。於敵手已發未到之際。我手於敵膊未直時截入。一發卽去。此爲迎頭痛擊法。然欲能動急則急應者。非得眞傳不可。

雖變化萬端。而理爲一貫。

【解】與人對敵。推手或散手。無論何着法。有大圈。小圈。半個圈之巧。有陰陽之奧妙。有步法之虛實。有太極陰陽魚不丟頂之理。循環不息。變化雖有千萬。太極之理則一也。

由着熟而漸悟懂勁。由懂勁而接及神明。

【解】著者拳式也。先學姿勢正確。次要熟練。方能懂勁。今之練拳者專談懂勁。忽視練拳功夫。舍本逐末。安能懂勁。更何能有發人之勁。古語云。方寸之木。可使高於岑樓。故欲接及神明。必先求懂勁。欲求懂勁。必先求着熟。功夫由下而上。由低而高。不能僭越也。

然非用力之久。不能豁然貫通焉。

【解】拳愈練愈精。功夫既到。則如水到渠成。一旦豁然貫通。然非久練久熟。祇尙空談。不能達此境也。

虛靈頂勁。氣沉丹田。

【解】頂者頭頂也。此處道家稱爲泥丸宮。素呼天門。頂勁非用力往上頂。乃空虛而頭容正處。不能分運於四肢也。

處。一身元氣總聚於此。氣歸丹田。以意行之。通流四肢。氣不能沉於丹田。則滯塞於一

直。精神上提。但不可氣貫於頂。練久眼目光明。無頭痛之病。丹田在臍下寸餘。卽小腹

不偏不倚。忽隱忽現。

【解】不偏者守中土也。不論偏向何方。卽易失重心。偏前則易拉倒。偏後則易推倒。偏左偏右。其弊相同。不倚者亦守中土也。例如用手按人。對方突然縮後或閃避。己身卽蹌踉前仆。失去重心。予人以可乘之機。此倚之弊也。行功論云。立身須中正安舒。支撐八面。卽不偏不倚之意。隱者藏也。現者露也。設敵向我身擊來。我身收束爲隱。使敵不能施其力。如敵手往後回抽時。我隨之跟進爲現。敵不知我式之高低上下。無法擋禦我手。例如河中小艇。人步踐其上。必略低沉爲隱。又裹步必隨起爲現。又猶龍之變化。能升能降。降則隱而藏形。現則飛昇太虛與雲佈霧。此理言太極能高能低。忽隱忽現。有神機莫測之妙。

左重則左虛。右重則右杳。

【解】重者不動也。試思與人對敵而不動可乎。用拳必須身體活動。手脚敏捷。方能應敵。敵如擊我左方。我身略偏虛使彼不能逞。如擊我右方。我右肩往後收縮。使其拳來無所着。我體靈活。不可捉摸。卽左重左虛。右重右杳也。

仰之則彌高。俯之則彌深。

【解】仰爲上。俯爲下。敵欲高攻。我卽因而高之。使不可及。敵欲壓我下。我卽因而降之。使敵失其重心。此守法也。設自己主動進攻。仰之彌高則眼上看。心想將敵人擲上屋頂。俯之彌深。則心想將敵人打入地內。昔班侯老師夏日在村外場（場卽北方收糧場地）內乘涼。突來一人。拱手問班侯老師居處。答曰吾卽楊某也。其人突出大食中三指襲擊。老師見場內有草房高七八尺。招手曰。朋友請上去。遂將其人擊上屋頂。又曰請速下回家覓醫。其人狠狽遁去。鄉人問何能擊之使上。曰仰之彌高也。有洛萬子曾從班侯老師習技數年。欲試師技。班侯老師曰。將汝擲出元寶形好否。萬笑曰且試之。及較手。果如所言。萬手脚朝天。右胯着地如元寶形。將胯摔脫矣。醫療數月方愈。萬功夫甚好。至今尚健在。常曰俯之彌深利害極矣。

進之則愈長。退之則愈促。

【解】向敵進攻或追擊時。我進身跟步。步步逼之。使不能逃脫。故我手能愈進而愈長也。如不跟步。則手短不能及矣。退讓敵人時。或虛身以化之。或退步以避之。隨機應變。以其力不能及爲度。故我能退而愈促也。總言之。卽粘連黏隨之妙。去丢頂離抗之病也。

一羽不能加。蠅蟲不能落。

【解】練功既久。感覺靈敏。稍有接觸。卽能感覺而應之。一羽毛之輕。我亦不馱。蠅蟲之小。亦不能落我身。蠅蟲附我身。如着落琉璃瓶。光滑不能立足。蓋我以微妙之化力將蠅蟲足分蹉也。能如此則太極之功成矣。昔班侯老師於夏日行功時。常臥樹蔭下休息。偶或風吹葉落其身上。隨落隨脫滑落地。不能停留。又常試己功。解襟仰臥榻上。捻金米「即小米」少許置臍上。但呼一聲。小米猶彈弓射彈丸。飛射屋頂瓦面，班侯老師之功誠不可及。同志宜勉之。

人不知我。我獨知人。英雄所向無敵。蓋由此而致也。

【解】與人對敵。不用固定方式。如諸葛用兵，或攻或守。敵莫能預測。諺云不知我葫蘆賣什麼藥。此人不知我也。自己能懂勁。則感覺靈敏。敵手稍動。我即知覺。隨手湊巧應之。如非近身搭手。亦可離遠審察敵之意圖。此我獨知人也。兵法云。知己知彼。百戰百勝。英雄所向無敵。蓋由此而致也。

斯技旁門甚多。雖勢有區別。概不外乎壯欺弱。慢讓快耳。有力打無力。手慢讓手快。是皆先天自然之能。非關學力而有也。

【解】拳術種類甚多。各門姿式不同。注重力大手快以取勝則一。然此祇應用天賦之本能。與所學之技藝無關也。太極之理。則精微巧妙。非徒恃力大手快取勝。異於凡技也。

察四兩能撥千斤。顯非力勝。

【解】太極功深。有引進落空之妙。千斤無所施用。所謂四兩撥千斤也。昔京西有富翁。莊宅如城。人稱小府張宅。其人好武。家有鏢師三十餘人。慕廣平府楊祿禪之名。托友武祿青往聘。及至。張見楊太師身軀瘦小。衣服樸素。貌不驚人。心輕之。因執禮不恭。設讌亦不豐。楊太師知其意。遂自酌自飲。略不旁顧。張不悅曰。常聞武兄言先生盛名。但不知太極果能打人乎。楊太師曰有三種人不可打。張問爲何三種。答曰銅鑄者。鐵打者。木作者。此外無足論。張曰敝舍鏢師卅餘人。爲首者劉教師。力能舉五百斤。與戲可乎。答曰無妨。及起試。劉發式猛如虎。拳風有聲。臨近。楊太師以右手引其落空。以左手輕拍之。劉跌出三丈外。張撫掌笑曰。眞神技也。遂使僩人從新換滿漢盛讌。敬奉如師。劉雖力大如牛而不能勝。蓋無巧也。由此可知顯非力勝矣。

觀耄耋能禦衆人。快何能爲。

【解】七八十歲爲耄耋。耄耋能禦衆人。指練拳者言。不練拳。雖在壯年。欲敵一二人難矣。戰定軍山之老黃忠言。人老馬不老。馬老刀不老。其言甚壯。練太極者。筋骨內壯。血氣充足。功夫至老不脫。人老而精神不老。故能禦衆人也。昔建侯老師與八九人較。衆一擁而前圍攻之。但見老師數個轉身。衆人俱已跌出。有八九尺者。亦有遠至丈餘者。老師時年近八十。耄耋禦衆。非妄言也。快何能爲之快字。指無着數之快。此忙亂耳。非眞快也。焉能應用。快而不失法度爲眞快。斯可應用矣。

立如平準。活似車輪。

【解】立如平準。卽立身中正。支撐四方八面。不偏不倚也。活似車輪。言氣循環不息。環行全身。不消遲滯。如車輪之轉動也。

偏沉則隨。雙重則滯。

【解】何謂偏沉。前說車輪之譬。猶用一脚偏踏車輪。自然隨之而下。何謂雙重。猶右脚踏上右方。左脚踏上左方。兩方力量均衡。則滯而不能轉動。其理甚明。

每見數年純功。不能運化者。雙重之病未悟耳。

【解】嘗有數人練太極拳。勤習不懈。用功五六年。與人較。則平日所學。全不能運用。不能制敵。有旁觀者曰。汝用功五六年。可謂純功矣。何以不能勝。請演十三式觀之。見其練法怒目切齒。奮力如牛。筋絡盡露。旁觀者笑曰。此爲雙重練法。尊駕未悟雙重之病耳。另一人曰。我不用力練五六年。爲何連十歲頑童亦不能打倒。又請演十三式觀之。見其練法毫不着力。如風擺楊柳。飄搖浮蕩。旁觀者笑曰。此爲雙浮練法。尊駕爲雙浮誤矣。雙重爲病。雙浮亦爲病也。

欲避此病。須知陰陽。

【解】欲避雙重雙浮之病。須明陰陽之理。陰陽卽虛實也。

黏卽是走。走卽是黏。陽不離陰。陰不離陽。陰陽相濟。方爲懂勁。

【解】總言之。黏連走化。懂敵人之勁也。前解甚多。不再贅述。

懂勁後。愈練愈精。默識揣摩。漸至從心所欲。

【解】能懂敵之來勁後。不斷練習。卽久練久熟。愈練愈精。常默識老師所授用法。揣摩其身手動作。極熟後。則意到手到。心手合一。漸至從心所欲矣。

本是舍己從人。多誤舍近求遠。

【解】與敵對手。要隨人所動。不可自動。吾師澄甫先生常言。由己則滯。從人則活。能從人便得落空之妙。由己反不能由己。能從人便能由己。理雖奧妙而確切。惟功夫未到。則不易領略其意耳。常人與敵對手。多不用近而用遠。須知以靜待動。機到卽發爲近。出手慌忙。上下尋機擊敵爲遠。此多誤舍近而求遠也。

所謂差之毫釐。謬之千里。學者不可不詳辨焉。是爲論。

【解】太極拳精微巧妙。分寸毫釐。不可差也。如差毫釐。等隔千里。不能應用矣。學者於此。不可不注意焉。

王宗岳行功論

以心行氣。務令沉着。乃能收斂入骨。以氣運身。務令順遂。乃能便利從心。精神能提得起。則無遲重之虞。所謂頂頭懸也。意氣須換得靈。乃有圓活之趣。所謂變化虛實也。發勁須沉着鬆淨。專注一方。立身須中正安舒。支撐八面。行氣如九曲珠。無微不到。運勁如百煉鋼。無堅不摧。形如搏兔之鵠。神如捕鼠之貓。靜如山岳。動若江河。蓄勁如張弓。發勁如放箭。曲中求直。蓄而後發。力由脊發。步隨身換。收卽是放。斷而復連。往復須有摺叠。進退須有轉換。極柔軟然後極堅剛。能呼吸然後能靈活。氣以直養而無害。勁以曲蓄而有餘。心爲令。氣爲旗。腰爲纛。先求開展。後來緊湊。乃可臻於縝密矣。

又曰。彼不動。己不動。彼微動。己先動。勁似鬆非鬆。將展未展。勁斷意不斷。

又曰。先在心。後在身。腹鬆靜氣斂入骨。神舒體靜。刻刻在心。切記一動無有不動。一靜無有不靜。牽動往來。氣貼背。斂入脊骨。內固精神。外示安逸。邁步如猫行。運勁如抽絲。全身意在蓄神不在氣。在氣則滯。有氣者無力。無氣者純剛。氣如車輪。腰若車軸。

王宗岳行功論詳解

以心行氣。務令沉着。乃能收斂入骨。

【解】平時用功。練十三勢時。用心使氣。緩緩流行於骨肉內外之間。意爲嚮導氣隨行。練拳姿勢要沉舒。心意要貴靜。心不靜不能沉着。不能沉着則氣不收入骨。卽是外勁非內勁矣。練太極拳須能收斂入骨。此眞正太極勁也。

以氣運身。務令順遂。乃能便利從心。

【解】欲使氣渾身流通。必須將十三勢校正無錯。姿勢上下順遂。勁不逆扭。方能使氣流通。如姿勢順遂。手脚運用從心所欲矣。

精神能提得起。則無遲重之虞。所謂頂頭懸也。

【解】精神爲一身之主。不但練拳。無論作何事。有精神則迅速。無之則遲慢。故談拳必以提起精神爲先。欲要提起精神。須頭容正直頂勁。泥丸宮虛靈勁上昇。此法悟通。卽提起精神之法也。

意氣須換得靈。乃有圓活之趣。所謂變化虛實也。

【解】意氣卽骨肉內流動物也。至於練拳打手。欲得莫可名狀之佳趣。須使此種流動物流行全身。意左卽左。意右則右。斯爲太極有虛實之變化。意氣之換法。猶如半瓶水。左側則左蕩。右側則右蕩。能如是。不但得圓活之趣。更有手舞足蹈之樂。至此境地。縱有人阻我練拳。恐欲罷不能也。

發勁須沉着鬆淨。專注一方。

【解】與人敵。先將對方治住。窺其易失重心之方向。發勁打之。發勁無論出何手。肩肘要沉下。心中要鬆淨。我勁不散。專注一方。敵不難跌出丈外矣。

立身須中正安舒。支撑八面。

【解】頭容正直尾閭中正。身卽不偏。內心要舒展。以靜待動。腰腿如立軸。手膊如臥輪。圓轉如意。方能支撑八面。

行氣如九曲珠。無微不到。

【解】九曲珠者。卽一個珠內有九曲灣也。人身譬如珠。四體百骸無不灣也。能行氣達四肢。無處不到者。功成矣。

運勁如百練鋼。無堅不摧。

【解】運勁如百練鋼卽內勁。非一朝一夕之功也。須經若干歲月練習。慢慢磨練而成。猶如荒鐵一塊。慢慢練成純鋼。用作刀劍則其鋒利無比矣。由太極拳練成精細如鋼之功。鐵人亦能打壞。何况對敵者爲血肉之軀乎。故曰無堅不摧也。

形如搏兎之鶻。神如捕鼠之猫。

【解】鶻者。鷹類也。冬獵用之。此言與人對敵。我形式如鷹鶻。見物擒來。眼要注視敵人。一搭手就可將敵擒到。如鶻搏兎之狀。猫形肖虎。其捕鼠也。伏身坐後腿以待。全神貫注鼠洞。鼠出則突縱捕之。太極有涵胸拔背之勢。如猫捕鼠之神態。蓄機而發也。

靜如山岳。動若江河。

【解】用功日久。腿下有根。站立如山。人力不可動搖也。江河之喻。言各種變化無窮。一手變十手。十手變千百手。滔滔不絕。如長江大河也。

蓄勁如張弓。發勁如放箭。

【解】蓄者藏也。太極勁不在外而藏於內。與敵對手時。內勁如開弓將射之圓滿。猶皮球有氣充之。敵人伏我膊。雖覺綿軟而不能按下。使敵莫明其妙。敵方狐疑不定。不知我弓已引滿待發矣。我如弓。敵如箭。發勁神速。敵如箭跌出矣。

曲中求直。蓄而後發。力由脊發。步隨身換。收即是放。斷而復連。

【解】曲中求直。即隨曲就伸之意。蓄而後發。力由脊發。一理也。與神如捕鼠之猫之理同。數語道盡矣。

往復須有摺疊。進退須有轉換。

【解】與人對敵。或來或往。摺疊即曲肘灣肱之式。此係近身使用法。離遠無用。進退勿泥一式。須有轉換。隨機而變化也。

極柔軟而後極堅剛。能呼吸然後能靈活。

【解】練十三勢要用柔法。功成後生出柔中含剛內勁。呼吸者。吸能提得人起。使敵足跟離地。呼則從脊內發出全身之勁。放得人遠出。呼吸靈通。身法方能靈活無滯也。

氣以直養而無害。勁以曲蓄而有餘。

【解】練太極是養氣之法。非運氣之法也。何謂運氣。勉强出力使氣。氣必聚於一處。不能行於四肢。此法違反自然。易傷內臟。何謂養氣。孟子云。我善養吾浩然之氣。不急不燥。先天氣生。靜心養性。練拳使精氣神合一。行氣如九曲珠。縱未獲益。亦無害也。與人對敵。勿使膊伸直。須上下相隨。步隨身換。膊未直而力有餘。敵着擊卽跌出。此卽勁以曲蓄而有餘也。

心爲令。氣爲旗。腰爲纛。

【解】太極之理。猶行軍戰事。必有令旗指揮驅使。練太極亦然。心爲令者。以心行氣也。能使氣如旗。意之所至氣卽隨之。是卽心如令氣如旗。腰爲纛者。卽軍中大纛旗也。小旗主動。大旗主靜。拳法腰可作車軸之轉。不能倒㧚大纛旗也。

先求開展。後求緊湊。乃可臻於縝密矣。

【解】開展大也。初學練拳。先求姿勢開大。以鬆其筋肉。所謂舒筋活血也。能轉弱爲强。强而後。研究外能筋骨肉合一。內有精氣神相聚。謂之緊湊。內外兼修。加以動靜變化。自開展而及緊湊。由健體而及實用。乃臻縝密之境。如說拳有大練小練則誤矣。

彼不動。己不動。彼微動。己先動。

【解】言與敵搭手。自己不動。精神要注意警戒。待對手欲動之際。我手已動之在先矣。

勁以鬆非鬆。將展未展。勁斷意不斷。

【解】太極拳出手。似鬆實非鬆。伸出以將直未直爲度。練拳宜不斷。如一線串成。及乎使用對敵。便無一定之方式。發勁之姿式。外形似斷而意未少懈也。猶如蓮藕折斷而細絲尙連焉。老振師傅嘗言：勁斷意不斷。藕斷絲連。蓋此意也。

先在心。後在身。

【解】初學對敵用心之專。恐不能勝。練成之後。毋須有心之變化。身軀受擊。自能隨機應敵。心中不知而敵已跌出矣。此卽爲不知手之舞之。初學在心。成功後在身。猶如初學珠算。心先念歌而後手操之。熟用後心雖不歌。而手亦能運用如意也。是先在心後在手。拳理亦然。

腹鬆靜。氣斂入骨。神舒體靜。

【解】腹雖注意猶鬆舒。勿鼓勁。氣斂入骨。則骨肉沉重。外如棉花。內似鋼條。猶棉花裹鐵。外柔而內剛。

刻刻在心。切記一動無有不動。一靜無有不靜。

【解】刻刻猶時時也。謹記一動則全身有尺寸跟隨而動。忌全身零碎亂動。猶如火車。車頭動則諸車廂隨焉。太極動時勁要整。雖整而又活。身雖動。心貴靜。心靜則全身皆靜。靜中又寓動焉。

牽動往來。氣貼背。斂入脊骨。內固精神。外示安逸。

【解】牽動往來。卽收放之義。氣收入貼藏於脊背。蓄而待發。精力內固。外表文雅安逸。雖練武而猶文也。

邁步如猫行。運勁如抽絲。

【解】太極拳行走。大多足跟先着地。如猫行之輕靈。含有蓄神之意。練拳運勁如抽絲。均勻不斷。運內勁時。自下由腿順轉而上。從胳膊順擰而出。如將一把生絲順扭。反放之。卽倒轉由上將勁收回身內。此卽爲纏絲勁。

全身意在蓄神不在氣。在氣則滯。有氣者無力。無氣者純剛。

【解】人身有三寶曰精、氣、神。太極拳以意運動。然非故意運氣。如運氣澎漲。則滯而不靈。有氣者無力。有濁氣者自覺有力。人覺我無力。無氣者純剛。無濁氣者卽生綿力。意到則力至。設用力搭在敵人膊上。如用皮條將彼搭住。我雖未用力。對方則覺我手膊重如泰山。不用直力則巧力生。無濁氣者爲純剛。

氣如車輪。腰若車軸。

【解】全身意氣如車輪流動。腰爲一身之主宰。腰如車軸能圓轉。所以變化在腰間也。

行功口訣

一舉動周身俱要輕靈。尤須貫串。氣宜鼓盪。神宜內斂。無使有缺陷處。無使有凹凸處。無使有斷續處。其根在脚。發於腿。主宰於腰。形於手指。由脚而腿、而腰、總須完整一氣。向前退後。乃能得機得勢。有不得機得勢處。身便散亂。其病必於腰腿求之。上下前後左右皆然。凡此皆是意。不在外面。有上則有下。有前則有後。有左則有右。如意要向上。卽寓下意。若將物掀起，而加以挫之之力。斯其根自斷。乃壞之速而無疑。虛實宜分清楚。一處有一處虛實。處處總此一虛實。周身節節貫串。無令絲毫間斷耳。

〔註〕此乃祿禪師原文。云張三豐祖師所傳。

行功口訣詳解

一舉動周身俱要輕靈。尤須貫串。

【解】練拳時一舉一動。凡應動之姿式。手足俱要輕靈（卽不用勉强力）身子略有騰空意思。又應含有活潑意思。毫無迂滯而極順熟。一套拳由頭至尾。貫串而不中斷。卽是一氣呵成之謂。在練拳中。身軀任何部份於動作時。應表現輕巧而非浮滑。靈活而非虛渺。夫輕靈者。輕中而含有勁於其間。與浮而無倚之輕者不同。靈者含有機警智慧。與虛渺無根者又不同。然動作既得輕靈之妙。應注意其貫串。貫串者不斷之謂也。如長江大河。滔滔不絕。綿延之意。

氣宜鼓盪。神宜內歛。

【解】氣宜鼓盪。呼吸卽氣之表現。鼓盪似湖中之水。隨微氣而鼓盪。一起一伏。輕微而有次序。神宜內歛。靜心凝神。用意思將精神收聚入內。斯爲內歛。所謂氣者。對於人體則不外呼吸。太極拳之所謂氣者卽內功。除呼吸之外。尙有一種體內之養氣。該氣混和於血球間之氣。俗稱氣功。太極拳之練此種氣。非徒然或勉强可得。必先練意。從意之修養。而至於自覺自悟。窮神達化之氣功。生理學所謂人體之血球。當其運行時。有一種無體之氣。此卽養氣。常與血球相扣而行。設無此種養氣之存在。則血不能行。此氣乃人體有生具來之純然正氣。凡練拳者。能功致於意氣相生。延年益壽之效寓焉。口鼻之呼吸雖在動之時。倘能保持與安靜時無大差別。則體內之氣用之不竭矣。神者。意之表現。心之徵象。心露於目。故一舉動均自心生。所謂心爲令。氣爲旗也。在舉動之瞬息間。心之所欲。盡現於神。神露則必爲敵所知。故致力於修養時。亦應保藏精神。

無使有缺陷處。無使有凹凸處。無有斷續處。

【解】練拳宜求圓滿。不可參差不齊。又不可忽高忽低。宜緩慢平均不停。不使中間有斷。其根在脚。發於腿。主宰於腰。形於手指。由脚而腿、而腰、總須完整一氣。向前退後。乃能得機得勢。

【解】練法須上下相隨。勁自足跟起。行於腿。達於腰。由脊而膊行於手指。周身一氣。用時進前退後。上至手。下至步。無處不得力。其勁乃不可限量。「根」者。立身之根基卽馬步。「腰」者。人體上下相接連之部位也。「指」者。卽兩手之指也。

有不得機得勢處。身便散亂。其病必於腰腿求之。上下前後左右皆然。凡此皆是意。不在外面。

【解】病不在外面。全在意內。意不專。則神不聚。步法不得當。卽不能得機得勢。不得勢。手腳亂矣。不論練拳推手或敵對。如馬步不堅固。則不得勢。甚至於手足無措。身勢散亂。其致敗之病。在於腰腿。腰當纛。纛者。兵之司令旗也。腰之運用不靈活。猶兵之失其主宰。鮮有不亂者。腰之重要可知矣。所以求尾閭中正。馬步不大不小。站步適當。兼顧四面八方。如有不得力處。非關外在形式。皆由心不專也。

有上則有下。有前則有後。有左則有右。如意要向上。卽寓下意。若將物掀起。而加以挫之之力。斯其根自斷。乃壞之速而無疑。

【解】凡與人敵對。上部有受敵之虞。則下部亦有防敵之需。進攻之際。亦須作後退之備。或前方不能進迫。可從後方偷襲。左邊須防衛。右邊亦需警戒。「有上則有下」。此卽人攻我上。須防其下。我攻其上。預擊其下。或攻其上者。實欲動其下。而乘虛襲之。「有前則有後」。攻既向前。須先防中敵之計。故預備後退。亦進可攻退可守之意也。「有左則有右」。左顧右盼也。我向敵正面攻擊。如失中央突破之機。則當謀左右奇兵抄襲。所謂左重則左虛。而由右擊之。當對敵時。敵方之根基。亦猶我之馬步。設其根基穩固。若徒以巨力推之。殊不容易。故欲向上部擊之。當先注意其下部。運用機智。使其下部動搖。或誘敵進步。乘時突然攻其上。則對方之根基既動。當可迎勁而倒。譬如欲拔起一樹。苟徒抱其幹。可將之掀起乎。必也先鋤其根。令其盤據於混土之根既鬆且斷。則略微力移其重心。勢必傾倒而無疑矣。此言與人搭手。先將彼動搖。立足不定。猛力一推卽倒。

虛實宜分清楚。一處有一處虛實。處處總此一虛實。

【解】練拳與對敵。總不離一虛一實。虛能實。實又能虛。人不知我。妙在其中矣。全部太極拳之精華奧妙。盡在虛實二字之運用。馬步有虛實。肩肘掌指有虛實。身形轉換變化。亦含虛實。處處分清。自然運用自如。然虛實在練拳時。則易領悟。惟施之於推手或敵對。則非經名師指導。再下苦功。實難領略也。緣練拳之知虛實。乃自我之虛實。推手及敵對之虛實。則須有知彼功夫矣。在練拳而論。凡動之聚者爲實。至對敵之虛實。瞬息萬變。殊非筆墨可能揭櫫。

周身節節貫串。無令絲毫間斷耳。

【解】全身骨節順合連貫。氣須流通。意無間斷。

十三勢歌

十三勢來莫輕視　命意源頭在腰際　變轉虛實須留意　氣遍身軀不少滯
靜中觸動動猶靜　因敵變化示神奇　勢勢存心揆用意　得來不覺費功夫
刻刻留心在腰間　腹內鬆靜氣騰然　尾閭中正神貫頂　滿身輕利頂頭懸
仔細留心向推求　屈伸開合聽自由　入門引路須口授　功夫無息法自休
若言體用何爲準　意氣君來骨肉臣　想推用意終何在　益壽延年不老春
歌兮歌兮百四十　字字眞切義無遺　若不向此推求去　枉費功夫貽歎息

八字歌

掤攦擠按世間稀　十個藝人十不知　若能輕靈並堅硬　粘連黏隨俱無疑
採裂肘靠更出奇　行之不用費心思　果能粘連黏隨字　得其寰中不支離

心會歌

腰脊爲第一之主宰　喉頭爲第二之主宰　地心爲第三之主宰
丹田爲第一之賓輔　掌指爲第二之賓輔　足掌爲第三之賓輔

功用歌

輕靈活潑求懂勁　陰陽旣濟無滯病　若得四兩撥千斤　開合鼓盪主宰定

打手歌

掤攦擠按須認眞　上下相隨人難進　任他巨力來打我　牽動四兩撥千斤
引進落空合卽出　粘連黏隨不丢頂　被打欲跌須雀躍　巧擠逃時要合身
拔背含胸合太極　裏襠護臂踏五行　學者悟透其中意　一身妙法豁然能

【解曰】彼不動　我不動　彼微動　我先動　似　鬆　非　鬆
將　展　未　展　勁　斷　意　不　斷　轉　動　挪　移　走

四性歸原歌

世人不知己之性　何能得知人之性　物性亦如人之性　至如天地亦此性
我賴天地以存身　天地賴我以致局　若能先求知我性　天地授我偏獨靈

周身大用論

一要性心與意靜　自然無處不輕靈　二要遍體氣流行　一定繼續不能停
三要喉頭永不抛　問盡天下衆英豪　如詢大用緣何得　表裏精細無不到

一

關要論

活潑於腰　靈機於頂　神通於背　不使氣行於頂
行之於腿　蹬之於足　運之於掌　足之於指
歛之於髓　達之於神　凝之於耳　息之於鼻
呼吸往來於口　縱之於膝　渾噩一身　全體發之於毛

八門五步

掤南　攦西　擠東　按北　採西北　挒東南　⿰扌冊東北　㨍西南　方位　坎　離　兌　震　巽　乾　坤　艮

八門　方位八門。乃爲陰陽顚倒之理。周而復始。隨其所行也。總之。四正四隅。不可不知也。夫掤攦擠按。是四正之手。採挒⿰扌冊㨍。是四隅之手。合隅正之手。得門位之卦。以身分步。五行在意。支撐八面。五行者。進步火　退步水　左顧木　右盼金　定之方中土也。夫進退爲水火之步。顧盼爲金木之步。以中土爲樞機之軸。懷藏八卦。脚跴五行。手步八五。其數十三。出於自然十三勢也。名之曰八門五步。

八門五步用功法

八卦五行。是人生成固有之良。必先明知覺運動四字之根由。知覺運動得之後。而后方能懂勁。由懂勁後自能接及神明矣。然用功之初。要知知覺運動。雖固有之良。亦甚難得於我也。

固有分明法

蓋人生降之初。目能視。耳能聽。鼻能聞。口能食。顏色聲音香臭五味。皆天然知覺。固有之良也。其手舞足蹈。與四肢之能。皆天然運動固有之良。思及此。是人孰無因。人性近習遠。失迷固有。要想還我固有。非乃武無以尋運動之根由。非乃文無以得知覺之本原。是乃運動而知覺也。夫運而知。動而覺。不運不知。不動不覺。運極則爲動。覺盛則爲知。動知者易。運覺者難。先求自己知覺運動。得之於身。自能知人。要先求人。恐失於自己。不可不知此理也。夫而後懂勁然也。

粘連黏隨

粘者提上拔高之謂也　黏者留戀繾綣之謂也

連者舍己無離之謂也　隨者彼走此應之謂也

要知人之知覺運動。非明粘黏連隨不可。斯粘黏連隨之功夫。亦甚細矣。

頂扁丟抗

頂者出頭之謂也　扁者不及之謂也　丟者離開之謂也　抗者太過之謂也

要知於此四字之病。乃不明粘黏連隨。不明知覺運動也。初學對手。不可不知也。更不可不去此病。所難者。粘黏連隨。而不許頂扁丟抗。是所不易也。

對待無病

頂扁丢抗。失於對待也。所以謂之病者。既失粘黏連隨。何以得知覺運動。既不知己。焉能知人。所謂對待者。不以頂扁丢抗相對於人也。要以粘黏連隨等待於人也。能如是。不但對待無病。知覺運動亦自然得矣。可以進於懂勁之功矣。

對待用功法守中土（俗名站樁）

定之方中足有根　先明四正進退身　掤攌擠按自四手　須費功夫得其眞
身形腰頂皆可以　粘黏連隨意氣均　運動知覺來相應　神是君位骨肉臣
分明火候七十二　天然乃武並乃文

身形腰頂

身形腰頂豈可無　缺一何必費工夫　腰頂窮研生不已　身形順我自伸舒
舍此眞理終何極　十年數載亦糊塗

太極圈

退圈容易進圈難　不離腰頂後與前　所難中土不離位　退易進難仔細研
此爲動工非站定　倚身進退並比肩　能如水磨催急緩　雲龍風虎象周全
要用天盤從此覓　久而久之出天然

太極進退不已功

掤握擠按自然理　陰陽水火旣相濟　先知四手得來眞　採挒搠擸方可許
四隅從此演出來　十三勢架永無已　所以因之名長拳　任君開展與收歛
千萬不可離太極

太極上下名天地

四手上下分天地　採挒搠擸有由去　採天擸地相應求　何患上下不旣濟
若使挒搠習遠離　迷了乾坤遺歎惜　此說亦明天地盤　進用搠挒歸人字

太極人盤八字歌

八卦正隅八字歌　十三之數不幾何　幾何若是無平準　丢了腰項氣歎哦
不斷要言只兩字　君臣骨肉細研磨　功夫內外均不斷　對待教兒豈錯他
對待於人出自然　由此往復於地天　但求舍已無深病　上下進退永連綿

太極體用解

理爲精氣神之體。精氣神爲身之體。身爲心之用。勁力爲身之用。心身有一定之主宰者。理也。精氣神有一定之主宰者。意誠也。誠者天道。誠之者人道。俱不外意念須臾之間。要知天人同體之理。自得日月流行之氣。其意氣之流行。精神自隱。微乎理矣。夫而后言乃武乃文。乃聖則得。若特以武事論之於心身。用之於勁力。仍歸於道之本也。故不獨以末技云爾。

勁由於筋。方由於骨。如以持物論之。有力能執數百斤。是骨節皮毛之外操也。故有硬力。如以全體之有勁。似不能持幾斤。是精氣之內壯也。雖然。若是功成後。猶有妙出於勁力者。修身體育之道然也。

太極文武解

文者體者。武者用也。文功在武。用於精氣神也。爲之體育。武功得文。體於心身也。爲之武事。夫文武猶有火候之謂。在放拳得其時中。體育之本也。文武使於對待之際。在蓄發當其可者。武事之根也。故云武事。文爲柔軟體操也。精氣神之筋勁。武事武用。剛硬武事也。心身之骨力也。文無武之預備。爲之有體無用。武無文之侶伴。爲之有無用體。如獨木難支。孤掌不響。不惟體育武事之功。事事皆如此理也。文者內理也。武者外數也。有外數無內理。必爲血氣之勇。失於本來面目。欺敵必敗。爾有內理。無外數。徒使安靜之學。未知用的。對敵差微。如無耳目。故文武二字之義。豈可不解哉。

太極懂勁解

自己懂勁。接及神明。爲之文成而后對敵。身中之候。七十有二。無時不然。陽得其陰。水火既濟。乾坤交泰。性命葆眞矣。

於人懂勁。隨視聽之際遇而變化。自得曲誠之妙。形與意合。不勞運動知覺也。功至此。可爲攸往咸宜。無須有心之運用矣。

八五十三勢長拳解

自己用功。一勢一式。用成之后。合之爲長。滔滔不斷。周而復始。所以名長拳也。須有一定之架子。恐日久入於滑拳也。又恐入於硬拳也。决不可失其綿軟。周身往復。精神意氣之本。用久自然貫通。無往不至。無堅不摧也。於人對待。四手當先。亦自八門五步而來。站四手。四手碾磨。進退四手。中四手。上下四手。三才四手。由下乘長拳四手起。大開大展。煉至緊湊伸屈自由之功。則升至中上乘矣。

太極陰陽顚倒解

陽乾天。日火離。放、出、發、對、開、臣、肉、用、器、身、武。立命方、呼、上、進、隅。陰坤地。月水坎。卷、入、蓄、待、合、君、骨、體、理、心、文。盡性圓、吸、下、退、正。

蓋顚倒之理。水火二字詳之則可明。如火炎上。水潤下者。能使火在下而用水在上。則謂顚倒。然非有法治之。則不得矣。譬如水入鼎內。而置火之上。鼎中之水。得火以燃之。不但水不能下潤。藉火氣火水必有溫時。火雖炎上。得鼎以隔之。是爲有極之地。不使炎上之火無止息。亦不使潤下之水滲漏。此所謂水火既濟之理也。顚倒之理也。若使任其火炎上。水潤下。必至水火分爲二。則爲水火未濟也。故云分而爲二。合之爲一之理也。故云。一而二。二而一。總斯理爲三。天地人也。明此陰陽顚倒之理。則可與言道。知道則不可須臾離。則可與言人能。以人弘道。知道不遠人。則可與言天地同體。上天下地。人在其中矣。苟能參天察地。與日月合其明。與五嶽四瀆華朽。與四時之錯行。與草木並枯榮。明鬼神之吉凶。知人事之興衰。則可言乾坤爲一大天地。人爲一小天地也。夫如人之身心。致知格物於天地之知能。則可言人之良知良能。若使不失固有之功用。浩然正氣。直養無害。攸久無疆矣。所謂人身生成一小天地也。天者性也。地者命也。人者虛靈也。神也。若不明之者。烏能配天地人爲三乎。然非盡性立命。窮神達化之功。胡爲乎來哉。

人身太極解

人之周身。心爲一身之主宰。主宰，太極也。二目爲日月。卽兩儀也。頭象天。足象地。人中之人及中腕。合之爲三才也。四肢四象也。腎水。心火。肝木。肺金。脾土。皆屬陰。膀胱水。小腸火。膽木。大腸金。皆陽矣。玆爲內也。顱頂火。地閣承漿水。左耳金。右耳木。兩命門也。玆爲外也。神出於心。眼目爲心之苗。精出於腎。腦腎爲精之本。氣出於肺。胆氣爲肺之原。視思明。心動神流也。聽思聰。腦動腎滑也。鼻之息香臭。口之呼吸出入。水鹹。木酸。土辣。火苦。金甜。言語聲音。木毫。火焦。金潤。土塕。水漂。鼻息口呼吸之味。皆氣之往來。肺之門戶。肝胆巽震之風雷。發之聲音。出入五味。此言口目鼻神意。使之六合。以破六慾也。此內也。手足肩膝肘胯。亦使之六合以正六道也。此外也。眼耳鼻口。大小便肚臍。外七竅也。喜怒憂思悲恐驚。內七情也。七情皆以心爲主。喜心。怒肝。憂脾。悲肺。恐腎。驚胆。思小腸。怕膀胱。愁胃。慮大腸。此內也。夫離南正午火。心經。坎北正子水。腎經。震東正卯木。肝經。兌西正酉金。肺經。乾西北隅金大腸化水。坤西南隅水脾化木。巽東南隅木胆化土。艮東北隅胃土化火。此內八卦也。二四爲肩。六八爲足。上九下一。左三右七也。坎一。坤二。震三。巽四。中五。乾六。兌七。艮八。離九。此九宮也。內九宮亦如此。表裏者。乙肝左肋化金通肺。甲胆化土通脾。丁心化木中胆通肝。丙小腸化水通腎。已脾化土通胃。戊胃化火通心。後背前胸山澤通氣。辛肺右肋化水通腎。庚大腸化金通肺。癸腎下部化火通心。壬膀胱化木通肝。此十天干之內外也。十二地支亦如此之內外也。明斯理。則可與言修身之道矣。

太極分文武三成解

蓋言道者。非自修身無由得也。然又分爲三乘之修法。乘者成也。上乘卽大成也。下乘卽小成也。中乘卽誠之者成也。法分三修。成功一也。文修於內。武修於外。體育內也。武事外也。其修法內外表裏成功集大成。卽上乘也。由體育之文而得武事之武。或由武事之武而得體育之文。卽中乘也。然獨知體育不知武事而成者。或專武事不爲體育而成者。卽小乘也。

太極武功事解

太極之武。外操柔軟。內含堅剛。而求柔軟之於外。久而久之。自得內之堅剛。非有心之堅剛。實有心之柔軟也。所難者。內要含蓄堅剛。而不施外。終柔軟而迎敵。以柔軟而應堅剛。使堅剛盡化烏有矣。其功何以得乎。須粘黏連隨已成。自得運用知覺。方爲懂勁。而后神而明之。卽所謂極柔軟練出極堅剛。如發勁無堅不摧矣。

太極正功解

太極者。元也。無論內外左右上下。不離此元也。太極者。方也。無論內外左右上下。不離此方也。元之出入。方之進退。隨方就元之往來也。方爲開展。元爲緊湊。方元規矩之至。其孰能出此以外哉。如此得心應手。仰高鑽堅。神乎其神。見隱顯微。明而且明。生生不已。欲罷不能。

太極輕重浮沉解

雙重為病。干於填實。與沈不同也。雙沈不為病。自爾騰虛。與重不一也。雙浮為病。祇如漂渺。與輕不例也。雙輕不為病。天然清靈。與浮不等也。半輕半重不為病。偏輕偏重為病。半者。半有著落也。所以不為病。偏者無著落也。所以為病。偏無著落。必失方圓。半有著落。豈出方圓。半浮半沈為病。失於不及也。偏浮偏沈。失於太過也。半重偏重。滯而不正也。半輕偏輕。靈而不圓也。半沉偏沉。虛而不正也。半浮偏浮。茫而不圓也。夫雙輕不近於浮。則為輕靈。雙沉不近於重。則為離虛。故曰。上手輕重。半有著落。則為平手。除此三者之外。皆為病手。蓋內之虛靈不昧。能致於外之清明。流行乎肢體也。若不窮研輕重浮沉之手。徒勞掘井不及泉之歎耳。然有圓方四正之手。表裏精粗無不到。則已極大成。又何云四隅出方圓耶。所謂方而圓。圓而方。超乎象外。得其寰中之上手也。

太極四隅解

四正卽四方也。所謂掤攦擠按也。初不知方。焉能知圓。方圓反複之理無已。焉能出隅之手。緣人外之肢體。內之神氣。弗緝輕重方圓四正之功。始出輕重浮沉之病。則有隅矣。譬如半重偏重。滯而不正。自然為採挒挒攄之隅手。或雙重填實。亦出隅手也。病多之手。不得已以隅手扶之。而歸圓中方正之手。雖然至低者。挒攄亦及此以補其所缺。以後功夫。能致上乘者。亦須獲採挒而仍歸大中至正。是四隅之所用者。因失體而補缺云爾。

太極平準腰頂解

頂如準。故曰頂頭懸也。兩手平卽左右之盤也。腰卽平之根株也。立如平準。所謂輕重浮沈。分釐毫絲則偏顯然矣。有準頂頭懸，腰之根下株尾閭至尻門也。上下一條線。全憑兩平轉。變換取分毫。尺寸自己辨。車輪兩命門。一纛搖又轉。心令氣旗使。自然隨我便。滿身輕利者。金剛羅漢煉。對待有往來。是早或是晚。合則發放去。不必凌霄箭。涵養有多少。一氣哈而遠。口授須祕傳。開門見中天。

〔附註〕以上各篇均先賢原文。辭意顯淺。讀者自可體會。其難解者。再請教老師爲善。

大小太極解

天地爲一大太極。人身爲一小太極。人身具太極之體。故人人可以練太極拳。本固有之靈而重修之。人身如機器。久不磨則生銹。生銹則氣血滯。弊病叢生。故欲鍛練身體者。以練太極爲最適宜。太極練法。以心行氣。不用濁力。純任自然。筋骨鮮折曲之苦。皮膚無磋磨之勞。不用力何能有力。蓋太極練功。沉肩墜肘。氣沉丹田。丹田爲氣之總機關。由此分運四體百骸。週流全身。意到氣至。練到此地位。其力便不可限量。功效昭著矣。

太極拳能却病延年

肥胖腹大之人。皆因欠缺運動。或純靠服食補品。以致脂肪積聚。肌肉內含水份過多。若每日練三套太極拳。卽能將身上脂肪水份。連帶風濕。由毛管排洩而出。故肥者可以練瘦。瘦弱者或面色萎黃之人。雖食補品而不能肥者。亦因欠缺運動。滋養身體不能吸收。隨腸走出。故雖食補品而無效。若能每日練三次太極拳。可使血脈流通。以心行氣。無微不至。猶如樹木將枯。每日用水滋潤之。卽能漸復青葱。練拳能悅顏色。助精神。減少疾病。增壽數十載。如此幸福。千金難買也。

人旣運動。肌肉發展。血氣和緩。食品能滋潤身體。故瘦能變肥。肥瘦之功。運動可以左右之。孟夫子云。苗之將枯(卽如人枯瘦)。天油然作雲。沛然而雨。(卽如氣血潤身)苗勃然而興矣。(卽如人瘦將變肥矣)。人之思慮多者。每易患血壓高或失眠症。(卽中醫謂之操勞過度)思想卽是意。血隨意行。時時刻刻。思想用腦。血隨意存留在頭上。卽與頭痛頭暈。猶如膠管裝水過多。卽生危險。血旣偏聚頭上而心血少。心卽跳動不安。遂致晚上失眠。患此症者。宜用輕鬆方法練習。氣沉丹田。意注下行。將頭上存留過多之血。疎散於四肢。下行於心。心得血養。頭上輕鬆。謂之輕清上浮爲天。重濁下降爲地。陰陽旣分。全身無偏。各得其養。身體康泰矣。故每日練三套太極拳。所有失眠，血壓高，肺弱，胃病，腰病，腎病，貧血等。一掃而空。駝背彎腰。手足不靈。腰腿不隨諸般症候。皆有特效。人人皆可練太極拳。獲不可思議之益處。

談太極拳養身

人爲動物。必須運動。太極拳運動。順自然。合生理。最宜於養身。太極拳架子之首。有預備式。此式垂手自然直立。全身放鬆。將思慮狂想丟開。將工作勞碌忘却。如將千觔重担放下。心中安靜。腦部亦獲休息。其益爲何如耶。及乎提手舉足。開始練拳。則一動無有不動。全身骨節無有不舒暢者。全身筋絡無有運動不到者。首式攬雀尾。內包含掤攦擠按四法。轉身上右步。伸右手至前方時。爲攬雀尾。不離鬆肩墜肘。氣沉丹田。尾閭中正。虛靈頂勁。上數句字面易懂。功夫實難。同志中不鮮能將字面解說明白。惟其功夫未必能與字面相符。尤恐拘泥不化。致以辭害意也。若言實地功夫。譬如站定攬雀尾式。上步時間。腿分虛實。步法爲丁八步。鬆肩墜肘。鬆肩肩處不用力。墜肘非向下用力壓。祇肘尖處略轉下而已。氣沉丹田。非小腹鼓勁呼吸。惟於腹臍下稍加注意而已。又恐不明白涵胸拔背之眞理。作成彎腰駝背之形。故又有尾閭中正原則以校正之。本來涵胸卽是胸部微微鬆動。後背自然稍爲拔起。胸中不但微鬆。更寓有開合之意。練太極拳能醫療肺病胃病者。要領在此而已。練拳本來須慢須勻。恐因此無精彩。故又有虛靈頂勁。提起精神以輔助之。使練太極拳者。樣樣完善。全無缺點。張三峯祖師爲人類身體健康謀幸福。可謂盡心竭力。蔑以復加矣。

學太極拳初步

太極拳本係武當內功。欲鍛鍊身體者。無論老少皆可學習。小兒八歲以上。老者六十以外。與乎體弱者皆可學習。習之數月。卽漸覺强壯矣。小孩正當發育期間。練拳宜開展。（卽伸手與蹬脚以伸展較長爲善）。惟二十歲以下青年。練拳不必涵胸。因二十歲前。骨格尙未長成。正當變遷時候。以直身爲宜。過二十歲以後。方可再加涵胸。

十三式架子。三個月可學會。一年習熟。三年練好。日後愈練愈精。但非眞傳不可。太極拳不得眞傳。祇是身體略壯耳。練拳十年。終是糊塗。焉能知精微奧妙及知覺運用。若得眞傳。如法練去。金剛羅漢體不難得矣。不但體壯。自衛防身之能力寓焉。早晚練拳最宜。飯後休息半小時或一小時。方可運動。如體質弱者。量力練之。服食中西藥品或打針後。皆不可卽時運動。必須休息。至復元方可繼續練習。練拳每早晚兩次或三次均可。夏天練拳。正燥熱之候千萬不可以冷水沐浴。恐致閉熱。稍息無妨。冬天練畢。速穿衣服。否則恐易受涼。練畢勿立卽就坐。可步行五分鐘。使血脈調和。用功時須澄心息慮。心無所思。意無所感。專心練拳。太極對敵法甚妙。非不能用。祇緣今之同志。大多單練皮毛。不肯深究。不求高師訪益友。但說太極不能實用。如此豈能怪授者不授耶。此拳由道而生。初學每日可學一兩式。不可扭牽。初學略難。一月後拳式入門後則易學矣。同志常有於初學一兩月。覺拳甚好。再學三四個月後。反覺不如從前。遂感煩燥。須知此正是進步境象。蓋如無進步。不能自知拳式好壞也。初習拳者必經此階段。切勿因此懈志。

習太極拳程序

初學拳時。少理論。但聽先生所教。首須不用力。全身放鬆軟。每日學一兩式。不可過多。三個月後。可以學完全套。再三個月。練習與校正姿勢。姿勢正確八九成時。可作爲個人健身運動。如懷健身之寶。如願再進一步。再學三個月。學轉動路線及太極之意義。再三個月。學太極拳之勁氣。開始窺視太極拳門徑。期約一年。然非高明老師教授。不能達到目的。學拳六個月後就可學推手初步練習。第一個月亦是不用力。先學兩人粘黏打圈。第二個月。學掤握擠按四個方法。第三個月學化勁。先學肘化。次學腰化。再學兩肩化。更要有柔軟圓滑。然後學隨機應變全身化。後再三個月。學掤握擠按之用法。然後再學連化勁帶打法。以上爲期一年。以後有暇可幷學太極劍。如肯用功。再加半年。共爲期年半。拳劍推手三樣皆熟。略有本領。身體健康矣。此算一小乘。再續用功一年半。在此期內。可學太極槍。學推手以外各種手法。此期間內。加緊實地練習。爲期共約三年。拳劍槍各用法皆熟。健身防身自衛皆可。有大本領。本身有拳。兵刃短有劍。長有槍。其功夫足供一生練習矣。此可稱爲中乘。三年後。練拳法又不同。要聚精會神。苦心求高明老師傳授。煉精化氣。煉氣化神。煉神還虛。陞入上乘門徑。太極拳分三乘。推手大圈爲初乘。學化小圈爲中乘。連化帶打無圈爲上乘。無圈之中有圈。專打不化。打中又有化。就是大圈套小圈。小圈變無圈。此卽無極生太極。陰陽八卦五行。千變萬化而歸一。得上乘之功。天下無敵矣。爲期若干年。則不能預定。須視個人天份聰明與用功程度矣。本來學藝無止境。然肯下功夫者。無論如何。必一日技精一日。學者須耐心練拳。達到神化境界。非難事也。

太極虛實之解釋

常人皆知練拳時。左腿實右腿變虛。如若右腿實。左腿變虛。固爲虛實。再言弓腿爲實。後腿爲虛則錯矣。不信者可以試驗。譬如打人一拳。推人一掌。弓實前腿。後腿變虛。自己考慮。自己站立穩否與得力否。有推人之效力否。細思當自知之。近習拳同志。每視拳爲運動而忽略爲拳術。此固是運動。惟每方式皆根據用法而作。故習拳要學姿式正確。根據用法目標練習。方能得太極拳之眞功效。

虛實二字。按前人指示其意義。非如字面之簡單。玆再闡釋之。如欲上右脚。則用意將身軀重心微移至左腿立實。右腿重力既移去後變爲虛。卽能輕便活動。提起邁步。步之大小隨各人而定。如兩脚站穩。則兩脚皆爲實。若左足想上步。右足尖向外轉移。將身重心移至右腿。此時始分虛實。右腿立實。左足輕便。總而言之。如站定方式後。足不可虛。須分虛實時。多數前足可虛。後足爲實。蓋力從根起。（卽足後跟也）如運用進步變步。兩腿虛實變換。比穿梭更快。兩足可虛可實。虛者爲五分力。亦有二三分者。實者爲八九分力。如絲毫不着力。足部卽不聽自己指揮。如實十分用力。則轉動不靈矣。

太極弓腿坐腿之解釋

（弓腿）卽前腿向前彎。

（坐腿）卽是後腿往後坐。後腿曲膝坐低是也。

弓腿坐腿之運用。猶如北方農夫之澆園式（卽灌田）或普通之拉鋸式。或如南方船夫之搖船形。總言之。皆是運用上下相隨之揉動力。

身法

提起精神　虛靈頂勁　涵胸拔脊　鬆肩墜肘

氣沉丹田　手與肩平　胯鬆膝平　尻道上提

尾閭中正　內外相合

練法

不強用力　以心行氣　步如貓行　上下相隨

呼吸自然　一線串成　變換在腰　氣行四肢

分清虛實　圓轉如意

習拳箴言

依規矩。熟規矩。化規矩。神規矩。不離規矩。初習要慢。逐漸要勻。極熟後。從心所欲。動靜虛實。陰陽開合。各種神氣姿態要表現出。圓中有方。方中有圓。勁若斷而意實未斷也。靈動神妙。造極登峯。習拳至此。不可思議矣。

經驗談

（一）太極拳係內家拳。力出於骨。勁蓄於筋。不求皮堅肉厚。而求氣沉骨堅。故無張筋錯骨之苦。無跳躍奮力之勞。順其自然。求先天之本能。爲返本歸原之功夫。

（二）練太極拳有三到。神到，意到，形到。如身法正確。神意俱到。則進步甚速。每日有不同之感覺。學者宜細心體味之。

（三）如身法不合。神意不到。如火煮空鐺。到老無成。有十年太極拳不如三年外家拳之譏。故第一須勤。第二須悟。功夫如何。視智慧如何。但勤能補拙。須自勉之。

（四）練習時呼吸。要自然呼吸。勿勉强行深呼吸。功夫純熟。自然呼吸調勻。否則有害無利。

（五）太極十三勢。本爲導引功夫。導引者。導引氣血也。故功夫純熟。氣血調勻。百病消除。千萬不可自作聰明。如舌頂上腭。氣沉丹田之類。功夫到後。自然氣沉丹田而行百脈。此乃自然之理。不可以人力强求。

（六）鬆肩垂肘。乃言力不可聚於肩背。要將力移至臂部肘前一節。此乃意會而不能言傳者。學者要細心體味。不可泥而行之。不得滯重力沉。致難於輕靈。

（七）提頂吊襠。提頂要天柱頭容正直。吊襠則氣由尾閭向上提也。收勁時胸要稍稍含虛。發勁時要天柱微直。切不可含胸駝背。

（八）練拳一次至少三趟。第一趟開展筋脉。第二趟較正姿勢。第三趟再加意形。純熟之後。一出手便有意形。則進步更速。

（九）知覺懂勁。要多推手。自得黏連黏隨之妙。如無對手。勤練架子。及時時以兩臂摸勁。假想敵人進攻。我以何法制之。日久亦能懂勁。

（十）推手時要細心揣摩。不可將對方推出以爲笑樂。務要使我之重心。對方不能捉摸。對方之重心。時時在我手中。

（十一）太極拳行住坐臥。皆可行功。其法以心行氣而求知覺。譬如無意之間。取一茶杯。用力持之。如何感覺。不用力持之如何感覺。行路之時。舉步之輕重。立定之時。屈腿而立。直腿而立。一足着力。雙足着力。均可體驗之。

（十二）初步練拳時。覺身軀痠痛。此乃換力。不必驚恐。亦不可灰心。半月之後，卽覺腰腿輕快。神滿氣足。

（十三）架子練熟。推手入門。乃講功勁。太極拳有粘動勁。跟隨勁。輕靈勁。沉勁。內勁。提勁。搓勁。揉勁。貼勁。扶勁。摸勁。按勁。入骨勁。摔動勁。掛勁。搖動勁。發勁。寸勁。脆勁。抖勁。去勁。冷不防勁。分寸勁。蓄勁。放箭勁。等勁。等等以上諸勁。僅述大概。領略各種勁。在知覺運動中求之。一人求之較難。二人求之較易。因人是活物。發勁之外。尙有靈感作用。務在人身上求之。如無對象。在空氣中求之。如打沙包轉鋼球。俱無用也。

（十四）太極拳論云。其根於脚。發於腿。主宰於腰。形於手指。此發勁之原理也。再有禁忌如膝不可過足尖。伸手不得過鼻尖。上舉不得過眉。下壓不得過心窩。此古之遺訓也。如違此禁忌。力卸矣。變化之妙。主宰於腰。如以右手斜左推人。已過鼻尖矣。力已卸矣。但左胸往後稍含。腰部稍稍左轉。力又足矣。此變化在胸。主宰在腰也。形於手指者。渾身鬆靈。剛堅之勁。在於手指。則如純鋼鬆軟之條。上有鉄鎚。向前一彈。所向披靡。無法禦之。學者細心推敲。不久可得內家眞勁。手法特別者。不在此禁。

（十五）人乃動物。並具靈感。譬如我以拳擊一人。彼當以手推開或身子閃開。決不能靜立待打。抵抗乃人之本能也。靜物則不然。如懸一沙包。垂懸不動。拳擊之後。當前後鼓盪。然其鼓盪之路線。乃一定之路線。向左擊之。向右盪回。此乃物之反應也。人則不然。一拳擊去。對方能抗能空。變化無定。此人之反應也。拳術家有穩，準，狠三字。等求我不發勁。發則所向披靡。然何以求穩準狠。須先求靈感。如何求靈感。讀者應在前篇王宗岳先生之行功論內求之。卽彼不動。己不動。彼微動。己先動。須在似動未動之時。意未起形未動之間。爭此先着。所向披靡矣。

（十六）或云練太極拳後。不可舉重物。不可用蠻力。此則未必盡然。未學太極拳。一身笨力。全體緊張。旣學太極拳。全體鬆軟。筋暢氣通。務必練去全身緊張。仍須保持原來之笨力。因鬆軟之後。笨力變爲眞勁矣。昔人謂笨力稱之曰膂力。其力在肩膂之間也。不能主宰於腰形於手指也。故笨力爲本錢。鬆軟是用法。得用其法。小本錢可做大事業。不得其法。本錢雖大。事業無成也。故得太極拳眞理以後。舉重摔角。拍球賽跑。隨意可也。不必禁忌。但依編者愚見。各種運動。不如多打幾趟拳。

（十七）道經云。一陰一陽謂之道。太極卽陰陽也。在此原子時代。何物非陰陽。故行功論有云。偏沉則隨。雙重則滯。偏沉雙重。陰陽不勻也。故讀者於舉手投足。務須注意。一陰一陽一虛一實。老子曰。吾善藏其餘。祈揣摩之。

（十八）太極文武解。文武二字。文以養身武以禦敵。

（十九）以上寫出各條。均經驗也。理論也。眞實功夫。尙須在十三式中求之。功夫純熟。自得得心應手之妙。練功時最好少求理論。多做功夫。余曾曰。功夫昔人好。理論今人好。實在理論一多。功夫不專。進境反少矣。拳術界中人多講義氣。學者當尊師重道。厚敬師傳。感動師傳。則爲師者必盡心教導。此雖世俗之理。但中國人情如此。不可不注意。愛學眞功夫者。更當注意也。

（二十）孟子曰。盡其心者。知其性也。知其性。則知天矣。火之炎上。性也。水之潤下。性也。此物之性也。春茂秋殺。天之性也。惡勞好逸。懼死貪生。此人之性也。然火遇風可吹之使下。水之遇火。能蒸之使上。松柏心堅。秋冬不凋。人知禮義。見義勇爲。此乃易後天之性返入先天也。人未練拳之時。百脈滯塞。筋緊縮而短。故力聚於肩膂。旣練之後。百脈暢通。筋長力舒。由肩而臂。由臂而腕。由腕而形於手指。漸漸棄後天而轉入先天。如得先天本能。則神妙不可思議。學者得此勁後。當知余言之非謬也。

太極拳架子名目

1 預備式
2 太極起式
3 攬雀尾
4 單鞭
5 提手上式（上下提均可）
6 白鶴亮翅
7 摟膝拗步
8 手揮琵琶
9 左右摟膝拗步（三步）
10 手揮琵琶
11 左摟膝拗步
12 進步搬攬捶
13 如封似閉
14 十字手
15 抱虎歸山
16 肘底看捶
17 左右倒輦猴
18 斜飛式
19 提手

---

20 白鶴亮翅
21 左摟膝拗步
22 海底針
23 山通臂
24 撇身捶
25 上步搬攬捶
26 上步攬雀尾
27 單鞭
28 左右雲手
29 單鞭
30 高探馬
31 左右分脚
32 轉身蹬脚
33 摟膝拗步
34 進步栽捶
35 撇身捶
36 上步搬攬捶
37 斜身右蹬脚
38 左右打虎式
39 回身右蹬脚
40 雙風貫耳

---

41 左蹬脚
42 轉身右蹬脚
43 上步搬攬捶
44 如封似閉
45 一字手
46 抱虎歸山
47 斜單鞭
48 左右野馬分鬃
49 上步攬雀尾
50 單鞭
51 玉女穿梭
52 攬雀尾
53 單鞭
54 雲手
55 單鞭下勢
56 金鷄獨立
57 左右倒輦猴
58 斜飛式
59 提手
60 白鶴亮翅
61 摟膝拗步

---

62 海底針
63 山通臂
64 白蛇吐信
65 上步搬攬捶
66 上步攬雀尾
67 單鞭
68 雲手
69 單鞭
70 高探馬代穿掌
71 轉身十字腿
72 進步指襠捶
73 上步攬雀尾
74 單鞭下勢（帶跟步）
75 上步七星捶
76 退步跨虎
77 轉身雙擺蓮
78 彎弓射虎
79 轉步搬攬捶
80 如封似閉
81 十字手合太極

預備式

1式 〔一〕

太極起式（一）

2式 〔二〕

太極起式（二）

2式 〔三〕

〔一〕 預備式

練拳之初。心中先擬定一個位置。左脚先上一步。右脚隨跟上一步。兩脚分開立齊與雙肩一樣寬。身子立直。眼平視。全身鬆靜。平穩站定。將自己日思夜慮事情丢開。專心練拳。

〔二〕 太極起式

兩手不可用力。由下慢慢往前向上提起。與肩下平。兩膊肘處微向下彎如圖

〔三〕 又

由上式鬆肩墜肘。兩膊與氣一齊向下沉。雙掌落至胯前。氣已沉至丹田。再鬆胯。氣由腿後部。直落至足跟。此時站立。自然穩固。宜頭容正直。眼平視。即是虛靈頂勁。

【益處】 全身放鬆。氣致中和。平心靜氣。筋肉鬆弛休息。氣亦調勻舒服。全身筋肉腹內五臟各部恢復適當部位。各得其所而休息。能培養精神。

【注意】 練拳不可閉口藏舌。又不可時時涵胸拔背。此法是有時間性者。到收回方式才可涵胸。有涵胸自然有拔背。千萬不可自作拔背駝形爲要。

攬雀尾（一）

3式 〔四〕

〔四〕〔五〕 攬雀尾

開始練拳。右手微上提。右腿向下彎曲。右腿不動原位。與右身手眼神心意一齊向右轉。手圓轉向右斜下方。左手等右手轉落時。右足坐實。左足向左橫邁一步。用足跟先着地。同時左手由下自內微彎向上提至左方。與胸平。如弓式。（等勁不必作掤字解。眼微注左臂。手寓下轉看右手意。此時右手右足在右。左手左足在左。此謂太極動之則分。左右足平形如圖站穩。

攬雀尾（二）

式3【五】

攬雀尾（三）

式3【六】

【益處】此式謂之開。將全身筋絡肺部胃部舒展開。凡人運動非得到伸縮不爲功。伸卽開。縮卽合。所以練拳不能離開合之法。

【六】【七】由上式左手由上向內。右手自下向內。轉變手如抱球狀。此時重心移至左腿。右足輕輕提收至左足近處。向前邁步。足跟先着地。右手自下圓轉伸至前方。與肩平。右手在前爲掤式。左手在後相對。眼神隨右手隨送。眼卽心之苗。眼之行動。卽以心行氣之謂。（掤者）卽捧上架高使對方手膊不易落下也。平掤如第一道防線。敵不能推進也。

攬雀尾掤式（四）

式3【七】

攬雀尾攦式（五）

式3【八】

【八】由上式兩手微往右捋轉寸許。捋至右手心向下。左手心向上。兩掌距離尺許。向左涵胸拉回。（卽是攦）身向左微偏。同時左腿坐。右腿變爲虛。（虛者不用大力）（此式爲攦）（功能練實左腿）。

【用處】（攦字卽作拉回也）設對方雙手按我左膊前節。或者我左手着住他左手隨沾貼他。或抓他左腕。同時用我右腕搭上他左肘上。兩手一齊往左將他拉斜。（拳法爲攦）

攬雀尾擠式（六） 3式〔九〕

攬雀尾按式（七） 3式〔十〕

攬雀尾按式（八） 3式〔十一〕

〔九〕

由攬式兩手返轉。右手向內。左手微往後圓轉一小圈。左掌心對右腕處隨跟上右腕扶貼。兩脚原位。弓右腿。蹬左腿。雙手往前擠。身法眼神一齊進攻。（右膝不可過足尖）（左腿形微彎）如圖。

【用法】（擠者卽逼對方不能逃也。擠住不易動也）設用攦法。將他拉斜使失重心。此時速用左手扶自己右腕。雙手合力擠他上膊處。我擠到他身。雙手一齊發勁。他必跌數尺遠或丈餘。視自己功夫如何而定。

〔十〕

由上式左腿與雙手同時慢慢收回。身法含蓄勢。將雙手收至胸前。掌心向前向下形。左腿已往後坐實。右腿力移至左腿：故右腿爲虛如圖。

【功能】舒通胃氣。練脊背力。

【用法】設有人推來或攻擊我。我收蓄氣。空身法。敵人撲空。而他自不得力。

〔十一〕

由上式雙手向前按出時。左足不動原位。用微蹬力：同時右腿慢慢往前弓出。膝蓋不可過足尖。手脚一齊。兩掌向前往外推出。手指與肩平。眼平遠看。（如圖）

【功能】運動腰腿力全身力。能發放胃氣。舒通肺氣。練掌力眼力。

【用法】（按字卽用雙手按對方。使其不得動也。向下按向前按均可）。用雙手推敵胸前。或按住他手膊。用吸沾力按實。用自己全身力由下而上。從脊背而發于掌。其勁不可限量。

單鞭(一)

4式

〔十二〕

單鞭(二)

4式

〔十三〕

〔十二〕〔十三〕

由上式雙手微上提。（手形看圖）。用右足跟同身手一齊向左前平轉至（四十五度。）全身重心移至左腿。（如一圖）雙手不停。往左向下平轉。自身轉回右方時。全身重心移回右腿。曲膝站實。右手拇食中三指攝住。五指合攏。指尖下垂。此形爲刁手。平伸至右方。左手左腿同時收回。左掌向內平收至右胸前。左腿提起。足尖向下。眼看右手。（如二圖）

〔十肆〕

上式似停未停。左足往左前方邁一大步。（足跟先着地）。左掌向外向左方轉伸。眼神隨掌轉視。轉掌向外。指仰上。左膊微曲。此時兩手分左右。弓左腿。右腿微彎。（如三圖）

【功能】 單鞭爲開勁。將肺部胃部微微開放。雙手至腿全身筋肉拉開。

【用法】 寫拳鍊法帶用皆係假想。由上式接連而寫。單鞭之用法。由上雙手作按式而言。雙手按出。設有人前進打我。我速涵胸。右手自上落下。用手指將他拳微向右摟開。再有人自左後方打來。我轉身避過他拳。上左脚用左掌推他前胸。

〔十五〕

由上式左足跟站實。先用足尖向內微轉。全身重心移至左腿。合手提右足。同時合提至右前方。手足皆作微曲形路線。兩手是平線合攏的。掌爲前後相向形。右足是由右提起。用足跟踏在前。左腿爲實。右足爲虛如圖。

【功能】 全身之勁合聚一處。提手練法。雙手由上平合爲合提手。如若雙手自單鞭式往下合勁。不作提手形寓提上意。爲提手寓上式。

單鞭(三)

4式

〔十四〕

提手上式

5式

〔十五〕

白鶴亮翅(一)

6式

〔十六〕

白鶴亮翅(二)

6式

〔十七〕

〔十六〕〔十七〕

由上式雙手往下。由身前向左轉右手。至胯前微停。左手不停自下由左往上圓轉。此時右腿收回。足尖向下。懸起左掌。立起摸至右膊內。(如一圖)接上式。右足向右前方邁出一步。全身重心慢移。右腿立實。右手膊自下由右上提。左掌由右。向左斜方按落。此時左足尖提至右足前虛立。此時身向左轉。右手提高至右額外。左手落至身左邊。手足形看圖。(白鶴亮翅圖一寓提意。圖二提右手往上謂提手上式。作成式後謂白鶴亮翅。)

【功能】斜開身形。練尾閭中正虛靈頂勁。

【用法】設用左掌摸住敵右肘。自己隨用右腕或前膊往上提。抬至敵右膊跟處。右足站實。右膊向上往外反猛抖勁。可將他打起離地。此神意謂仰之彌高。

〔十八〕〔十九〕

由上式右手背右肘轉向下同右腰腿坐落。左手由下自外轉至前上方。兩足不動。原位。(預備摟膝如圖)

接上式不停。右手掌向後圓轉至右耳邊。左手自上向左斜下方摟開敵拳。左脚隨進步。足跟先着地。已經摟拳過膝。右手預備推掌。(如二圖)

摟膝抝步(一)

7式

〔十八〕

摟膝抝步(二)

7式

〔十九〕

〔二十〕

接上式不停。左足放平。右掌由耳邊向敵胸前推出。左腿弓式。膝不過脚尖。右腿在後微彎。作蹬助力。兩腿皆實。

（此三圖練法用法齊說明）

〔二十一〕

由上式收回右手。伸起左手。全身退回。坐於右腿。左足尖同時翹起。收退半步。足跟踏地。（用分四力）右腿坐穩。左手在前。右手在後。手心相對。矩離尺許。抱托琵琶式。（看圖）（說明）右手右膊微向內擰轉拉回。左手左膊由下向內擰轉托上。伸出兩兩手。是搓勁。

【用法】　設自己右手着住敵右腕。向下微按拉直他。速伸左掌由下托住他肘節。使他不能彎曲。

〔二二〕〔二三〕

由上式右手平轉。抽回往後小圈轉上。由右耳邊向前平推出。同時左足往前偏左方上一大步。左手隨即自前落下由膝處摟過左腿外。坐掌。同時弓左腿。右腿蹬伸微彎。（如上兩圖）

摟膝抝步（三）

7式

〔二十〕

手揮琵琶

8式

〔二一〕

左摟膝抝步（一）

9式

〔二三〕

左摟膝抝步（二）

9式

〔二二〕

【二四】

接上式。左足尖微向左外移小許。全身重心移於左腿立實。左手隨身左偏後。抽轉掌心向上往後圓轉。而上手掌至耳邊。右手自前往左向下摟形。同時左腿坐實。右脚邁出。不停接二式。右足跟踏地。右手自膝蓋處摟過。弓右腿。隨即左掌由耳邊向前推出。後腿蹬勁微灣。此時左掌向前。右掌向下。（如二圖）

右摟膝拗步(一) 9式 【二四】

右摟膝拗步(二) 9式 【二五】

【二六】【二七】

接上式。右脚尖微向右外移動少許。全身重心。慢移於右腿坐實。右手隨抽轉往後向上圓轉至右耳邊。左手自前向左往下摟。左腿自後起往前邁步。足跟踏地。弓腿。左手自膝處摟過腿外。右掌向下。右掌由耳邊向前平方推出。掌向前。右腿蹬勁微彎。（如二圖）

左摟膝拗步(一) 9式 【二六】

左摟膝拗步(二) 9式 【二七】

〔二十八〕

由上式收回右手。左手伸長提起。全身退回重心坐於右腿。左足尖同時翹起。收退半步。足跟踏地。（用四分力）左手在前。右手在後。手心斜向相對。矩離尺許。如抱琵琶狀。（姿式看圖）（解釋說明）有一圖有兩三圖不等。因為姿式過渡。多少不同。路線分圖說明。初學者。易於明白。至練習時。全圖接連不停。練法前文已詳明。

10式 〔二八〕

手揮琵琶

11式 〔二九〕

左摟膝抝步(一)

〔二九〕〔三十〕

由上式右手平轉抽回。往後小圈轉上。由右耳邊向前平推出。同時左足往前偏左方上一大步。左手隨即自前往下由膝蓋處摟過左腿外。坐掌。同時弓左腿。右腿在後。略有蹬勁。以助前右掌已經推到對方胸前之掌力。（如二圖）

11式 〔三十〕

左摟膝抝步(二)

12式 〔三一〕

進步搬攬錘(一)

12式 〔三二〕

進步搬攬錘(二)

〔三一〕〔三二〕

由上式左足尖微向左外移。身腰向左微轉。鬆胯。坐左腿。右手握拳。由身左前方自下向上後方與左手同往上繞圈。此時右脚自後提往前。經左腿前。與右拳同轉至右方。右脚落前。斜半步。右拳平沈放內脅邊。此時左手由耳邊伸前。指斜立。同時上左足。（如二圖）

進步搬攬錘(三) 12式 〔三三〕

如封似閉(一) 13式 〔三四〕

如封似閉(二) 13式 〔三五〕

〔三三〕上圖譬如用左手攬住對方右握拳之前膊。微向外搬。使之斜偏。

此圖是左足落平。弓腿。隨勢右拳向前打出。右腿在後助攻。拳立形。左手隨同時收回。扶於右腕近處。立掌

【用法】眞實單用。左手搬住他。右拳發力打出。左手不一定要收回。隨機變通。不可泥於圖式。

十字手(一) 14式 〔三六〕

十字手(二) 14式 〔三七〕

〔三十四〕由上式右拳微往左轉。將拳放開。左掌下轉。自右胳膊下往右伸兩手。作交叉式。右腿與身形同時縮回。有涵胸意。雙手向內肘下微曲。眼神注前。此謂神如捕鼠之猫。蓄神待機。兩胯裏根收縮。重心坐右腿爲實。前足用二三分力如圖。

〔三十五〕上式爲蓄神待機。此時我左手已着上他左腕。我隨反掌按曲他左膊。速用我手反掌伸出按他左肘處。成一平形。全身之力。一齊往前坐掌發出。即推出。左腿微弓形。後足不可離地。恐失自己重心前覆。

【解說】練習時動作慢。要平均運行。

〔三十六〕〔三十七〕由上式全身重心移至左足着地。身足向右擰轉。（四十五度）兩手同時如擬長竿。向左右分開。右腿變虛。雙手不停。向下合抱胸前。右手在外。兩掌心向內。右脚與手合抱。同時收半步。兩腿彎曲平立。（如二圖）

抱虎歸山(一)

15式

〔三八〕

抱虎歸山(二)

15式

〔三九〕

抱虎歸山(三)

15式

〔四十〕

抱虎歸山(四)

15式

〔四一〕

抱虎歸山(五)

15式

〔四二〕

〔三十八〕

由上式左足尖向裏向右略轉移。身腰均隨左足尖轉動。向右後方轉（約四十五度）。坐左腿。左手向左後方向下繞右手反掌向下。隨身轉向右向下繞摟膝。右足亦隨身轉略。提右足尖着地。

〔三十九〕

上式不停。右足向右後斜方踏出一步。腰向右轉。左手隨腰勢向左後方繞圈。上轉至左耳邊。向前推出。坐掌鬆肩。右手亦順勢向右往下繞過右膝在先。右腿爲弓式。眼視左手。左腿在後。微直如圖。

〔四十〕

接上式右手向後繞圈。從右耳傍伸出。掌心向前斜下方。左手轉掌心向上。變作攦式。重心仍在右腿。眼視右手如圖。

〔四十一〕

不停。身腰向左略轉。兩手向左作攦式。坐實左腿。右腿變虛。眼視右手。以上四圖。爲整個抱虎歸山。

〔四十二〕

說明與擠同。

83

抱虎歸山(六)

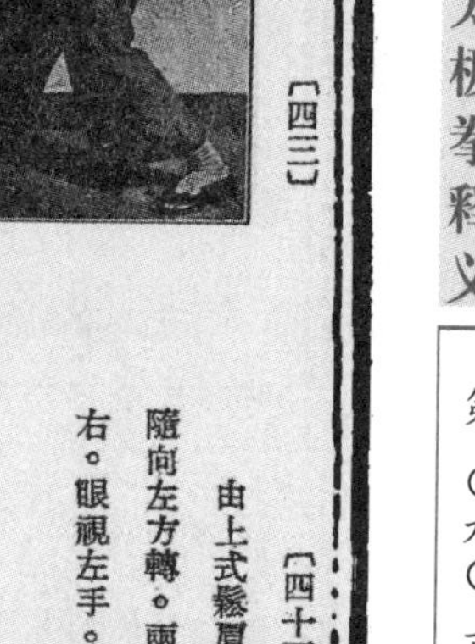

15式 〔四三〕

抱虎歸山(七)

15式 〔四四〕

〔四十三〕

說明與按式一圖同。

〔四十四〕

說明與按式二圖同。

此三圖爲抱虎歸山。連帶尾雀攬在內。擠按式。

〔四十五〕

由上式鬆肩沈肘。掌心微用點力平摸。右足尖向內轉移。身腰隨向左方轉。兩手亦向左方平繞如摸物狀。左掌到左胸前。右手在右。眼視左手。左腿坐實。右脚變虛。（如圖）

肘底看錘(一)

16式 〔四五〕

〔四十六〕

上式不停由內往右平繞一小圈。右前左後。雙手平伸右斜方。隨將右腿彎曲。坐實立穩。左腿提起。足尖向下。寓向左轉意。（如圖）

肘底看錘(二)

16式 〔四六〕

16式 肘底看錘(四)〔四七〕

16式 肘底看錘(三)〔四八〕

16式 肘底看錘(五)〔四九〕

〔四十七〕〔四十八〕〔四十九〕

不停。左足與身手同向左外後方轉。左足尖向左後返轉落地。雙手平轉不停。右脚隨往右横方踏出一步。與左足心平衡。重心慢移。右腿為實。此時左手往左往下繞圈轉上。如撈物形。至面前。手指直立。此時左脚提至右足跟前半步。用左足跟虛立。足尖翹起。右手自右收至左肘下抓拳。

（此三式過渡不停故作一次說明）

17式 左倒攆猴(一)〔五十〕

17式 左倒攆猴(二)〔五一〕

〔五十〕〔五一〕

由上式右拳鬆開。由肘下往後自右身側邊向後轉上至右耳邊。掌心向前。左手背轉向下。將肘膊沈平。腰間與左脚自前提起。退後一步坐實。右掌自耳邊推出。伸至將直未直。右腿裏根縮收形。右脚轉正為虛。眼神看前手。（如二圖）右手初動時身與意向右。左手退時看左。伸右手看右。即為左顧右盼。

【五二】【五三】

接上式不停。左手自下往後轉上至左耳邊。向前坐掌伸出。右手背向下。右足自前提起向右後方退步。右膊沉着抽回腰間。掌心向上。右腿落地坐實。左足轉正變虛。右掌伸前坐掌。眼注視。左右倒輦猴。伸手懸脚皆是經過不停。圖式坐穩爲正式。習者熟思之。前後過渡式。皆作不停論。

右倒輦猴(一)

17式 【五二】

右倒輦猴(二)

17式 【五三】

【五四】【五五】

此二圖同前說明練法三五七步均可。惟退五步最適合。以退至右手在前。接轉斜飛式爲適合。

【用法】設有人自前打來。速側身退步。用左手摟開右掌打他。左右均同意思。

如眞使用。不必按圖。他用拳打來。我速側身退半步。如猴形。用四手指作向下形。自上往下。向後斜方摟開他拳。退步避之。或進打亦可。變通許多。筆難盡述。

左倒輦猴(一)

17式 【五四】

左倒輦猴(二)

17式 【五五】

斜飛式（一） 18式 〔五六〕

斜飛式（二） 18式 〔五七〕

提手 19式 〔五八〕

白鶴亮翅（一） 20式 〔五九〕

白鶴亮翅（二） 20式 〔六十〕

左摟膝抝步（一） 21式 〔六一〕

〔五六〕〔五七〕

由上式右掌向右下方向裏繞圈。繞至左脅前。左手則從左圓轉向上轉。掌心向下。仍往右至胸前。雙手上下如合抱。右脚尖收回半步着地。眼注右。（如一圖）右脚向右後斜方踏出一步。右手向斜上方。左手自胸前向左斜下方。雙手同分左右展開。身向右斜。眼視右方。弓右腿。左腿在後。斜伸如鳥展翅斜飛。

〔五十八〕

由上式右手右脚提起。同時收回半步踏地。左腿彎坐實。左手同時自後由下向前伸出。如前提手式。

〔五十九〕
〔六　十〕
〔六十一〕
練法同前。

左摟膝拗步（二）

21式 〔六二〕

左摟膝拗步（三）

21式 〔六三〕

海底針（一）

22式 〔六四〕

海底針（二）

22式 〔六五〕

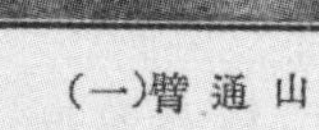

山通臂（一）

23式 〔六六〕

山通臂（二）

23式 〔六七〕

〔六二〕〔六三〕二圖練法同前。

〔六四〕〔六五〕由上摟膝拗步式。右掌慢向內轉。手指向下垂。肘向下。左脚同時收回。足尖點地爲虛。全身重心移右腿立穩算實。左掌微提高。眼視右手。（如一圖）右手指尖微用力往下插。彎身彎腿。兩腿裏根處用縮收力。更要鬆肩。氣由脊背逆送至丹田。方爲妥善。右手伸至左膝下五寸許。眼視前下方。頭頂更要虛靈清楚爲要。

【功能】練脊骨壯腰腎

〔六六〕〔六七〕由海底針式。右手自下向外反掌由下往上。畫一弧線如扇面形。畫至頭頂。掌反向上。五指張開。如托物狀。眼隨右手。左掌由下向前。同時左脚上步推出。五指張開。此時弓左腿。眼注左手。

【功能】練膀臂力

【用法】如有機會。用右手由下托對方右膊。左脚上步。左掌推他右脇側。

撇身錘(一) 24式 〔六八〕

撇身錘(二) 24式 〔六九〕

上步搬攬錘(一) 25式 〔七十〕

〔六八〕〔六九〕

右上式右手彎形不變。自上向右。由身前轉落至心口前抓拳。左手上膊彎回至左額外。掌心向外。身形眼神同左足跟向裏轉(四十五度)。重心仍在左腿坐實。右脚爲虛。眼回視右前方如圖。

接前式右拳自胸前向上。返撇轉一圈。右脚提起轉正。再向右前方踏出。同右拳一齊落下。弓腿。右拳平沈放右腰間。左手與右手時分開。向左往後下圓轉至左胸前。向前方伸出。手指斜立。掌心向右。眼視左手。左腿微伸如圖。

上步搬攬錘(二) 25式 〔七一〕

〔七十〕〔七一〕〔七二〕〔七三〕〔七四〕

由上式身手腰右脚提起。一齊向左轉作搬攬錘。與前練法同。

以上四式。是整個搬攬錘。

上步搬攬錘(三) 25式 〔七二〕

上步搬攬錘(四) 25式 〔七三〕

攬雀尾(一) 26式 〔七四〕

攬雀尾(二)

26式 〔七五〕

攬雀尾(三)

26式 〔七六〕

攬雀尾(四)

26式 〔七七〕

攬雀尾(五)

26式 〔七八〕

攬雀尾(六)

26式 〔七九〕

攬雀尾(七)

26式 〔八十〕

單鞭(一)

27式 〔八一〕

單鞭(二)

27式 〔八二〕

由搬攬錘變攬雀尾。應當如此多圖。第一圖謂轉意與神。第二圖是預備好。將上第三圖謂接手。由掤手進入攬雀尾。同前法至七圖完。

〔八十一〕

三圖練法同前單鞭。

單鞭(三) 27式 〔八三〕

預備雲手(一) 28式 〔八四〕

雲手(二) 28式 〔八五〕

雲手(三) 28式 〔八六〕

雲手(四) 28式 〔八七〕

雲手(五) 28式 〔八八〕

〔八十四〕

由單鞭左弓腿式。用左足跟向右內前轉橫脚尖。左手不動原位。右膊斜向下沈。全身重心慢移。左腿坐實。右足變虛。眼視右手。(如一圖)

〔八五〕〔八六〕

右手不停由下向內轉至小腹前。右足提起。收回半步。與左脚並立。(約離五寸)右手由身前轉向上圓轉。此時左手慢慢下落。右手不停。經面前離尺許。向右外方反掌。此時右足實。左足虛。左手不停落轉至小腹前。雙手似未停。(如上二圖三圖爲右雲手)

〔八七〕

雙手似停未停。左足橫形提起。往左橫出一大步。眼看左手。左掌心轉向內。由下往上。經身前面前圓轉。同身法。慢慢移左腿。上左掌反掌向外。與肩平。爲左雲手。初動時右腿實。轉動至如式時左脚實。(即四圖)

【解釋】

〔八八〕

(五圖)右雲手與上同。兩手是循環不停。單數五七九步均可。第一次以九步爲善。

單鞭（一）

29式 〔八九〕

單鞭（二）

29式 〔九十〕

高探馬（一）

30式 〔九一〕

〔八九〕〔九十〕

由上式右腕向下擰轉。大食中三指合攏下垂爲刁手。左掌向內由下往上。經胸前圓轉。左腿提起懸立。似停未停。左手左腿同向左方。上步伸掌。左腿上步弓腿。左手自胸轉掌伸至左方。反掌向外。指向上。雙手平形。左右足伸開。（如二圖）

30式 〔九二〕

高探馬（二）

〔九一〕〔九二〕

由上式右手曲回至耳邊。左腿收回。足尖着地。右手由耳邊伸至前方。左手掌心向上收回。（如二圖）

〔九三〕〔九四〕〔九五〕

由上式左脚向左斜上半步。弓腿。雙手向右斜方圓轉。右手由下轉上。雙手作交叉式。右脚向前右斜方踢出。雙手同時向左右分開。左腿微曲站定。（如三圖）

右分脚（一）

31式 〔九三〕

右分脚（二）

31式 〔九四〕

右分脚（三）

31式 〔九五〕

左分脚(一) 31式 〔九六〕

左分脚(二) 31式 〔九七〕

左分脚(三) 31式 〔九八〕

〔九六〕〔九七〕〔九八〕

由上式右脚向右斜方落下。弓腿。雙手向左方合與肩平。左手在上。右手在下。左右手距離約尺餘。眼望左手。左手向下轉至與右手作交叉式。左脚向前左斜方踢出。同時雙手分開。右腿微曲站定。（如三圖）

轉身蹬脚(一) 32式 〔九九〕

〔九九〕〔一百〕

由上式左腿收回。身與手向左轉。雙手作交叉式。左腿懸起。脚尖向下。右腿微曲站定。蹬左脚。雙手左右分開。（如二圖）

〔一零一〕〔一零二〕

由上式左脚落下。弓腿。左手同時由上向下摟至左膝外。掌向下。右手由耳邊同時推出。坐掌。（如二圖）

轉身蹬脚(二) 32式 〔一百〕

左摟膝抝步(一) 33式 〔一零一〕

左摟膝抝步(二) 33式 〔一零二〕

右摟膝拗步(三)

33式 [一零三]

進步栽錘

34式 [一零四]

撇身錘(一)

35式 [一零五]

[一零三] 由上式左足步與左手同時向外圓轉。右脚上步弓腿。右手自上向下由左而右。摟至右膝外。左手由後上。由耳邊向前推出。（如圖）

[一零四] 由上式右足尖向外轉。右肘曲起拿拳。上左脚弓腿。左手自上而下。由右摟至左膝外。右手向下伸拳。（如圖）

撇身錘(二)

35式 [一零六]

[一零五] 由上式轉左脚。左手由下而上。轉至右額外。右拳曲至胸前不動。雙手同時向左右分開。右拳落至右腰間。左手由上轉後。自下伸至前方。右腿同時上步弓腿。（如二圖）

[一零七][一零八][一零九] 練法與用法同前。

上步搬攬錘(一)

36式 [一零七]

上步搬攬錘(二)

36式 [一零八]

上步搬攬錘(三)

36式 [一零玖]

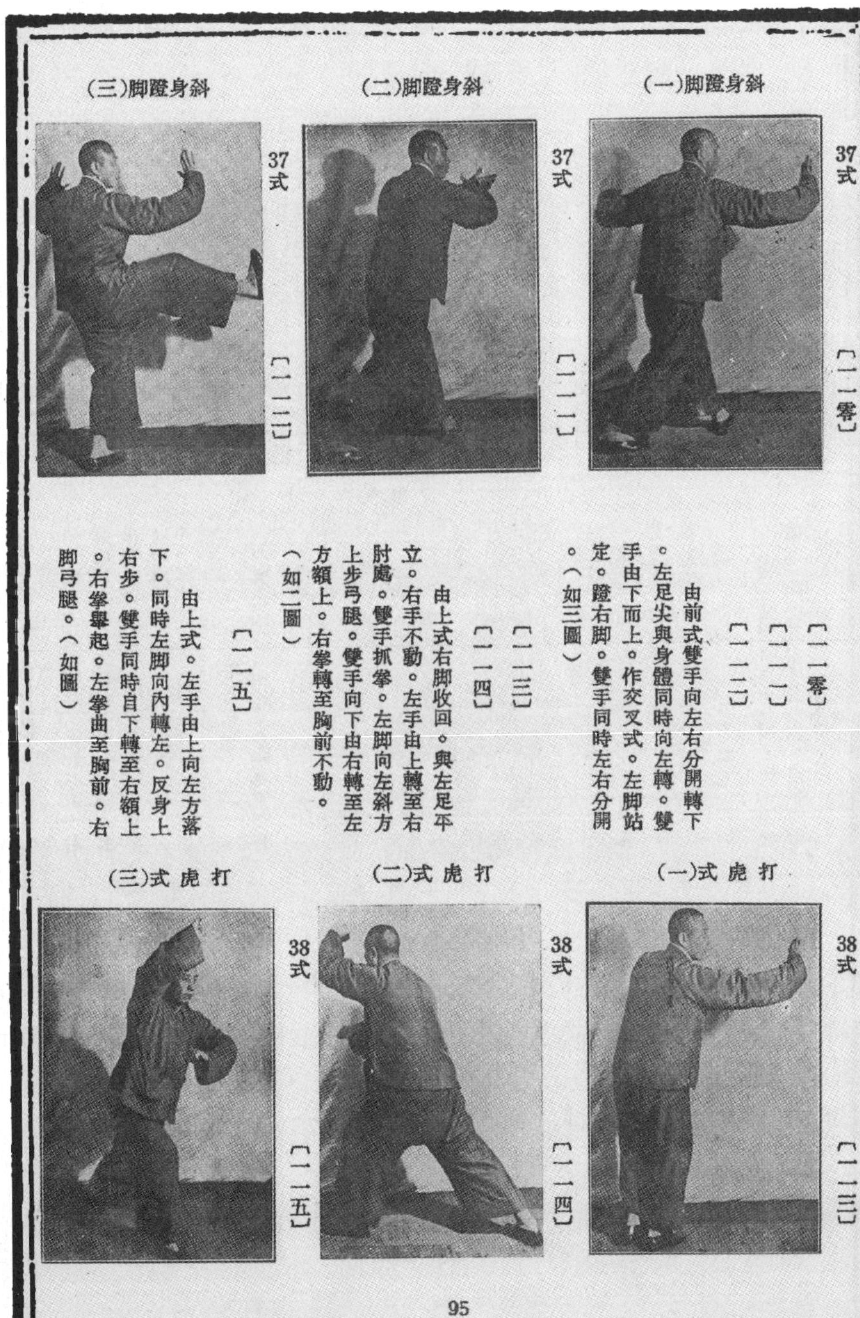

斜身蹬脚(一)

37式

【一一零】

斜身蹬脚(二)

37式

【一一一】

斜身蹬脚(三)

37式

【一一二】

【一一零】【一一一】【一一二】

由前式雙手向左右分開轉下。左足尖與身體同時向左轉。雙手由下而上。作交叉式。左脚站定。蹬右脚。雙手同時左右分開。（如三圖）

【一一三】【一一四】

由上式右脚收回。與左足平立。右手不動。左手由上轉至右肘處。雙手抓拳。左脚向左斜方上步弓腿。雙手向下由右轉至左方額上。右拳轉至胸前不動。（如二圖）

【一一五】

由上式。左手由上向左方落下。同時左脚向內轉左。反身上右步。雙手同時自下轉至右額上。右拳舉起。左拳曲至胸前。右脚弓腿。（如圖）

打虎式(一)

38式

【一一三】

打虎式(二)

38式

【一一四】

打虎式(三)

38式

【一一五】

回身右蹬脚（一） 39式 〔二一六〕

回身右蹬脚（二） 39式 〔二一七〕

雙風貫耳（一） 40式 〔二一八〕

雙風貫耳（二） 40式 〔二一九〕

〔二一六〕〔二一七〕 由上式雙拳變掌。左右分開。右脚收回。左足尖微向外轉。雙手合攏作交叉式。左脚站定。蹬右脚。雙手同時向左右分開。（如二圖）

〔二一八〕〔二一九〕〔二二零〕 由上式右膝曲起。身體與雙手轉至右斜方。掌心向上。左腿微曲站定。雙手下落。右腿放下作弓式。雙手自下分左右。轉上抓拳。拳頂雙對。（如三圖）

〔二二一〕〔二二二〕 由上式雙拳放掌分開。向下圓轉而上。作交叉式。蹬左脚。雙手同時分開。（如二圖）

雙風貫耳（三） 40式 〔二二零〕

左蹬脚（一） 41式 〔二二一〕

左蹬脚（二） 41式 〔二二二〕

轉身右蹬脚（一）
42式 〔一二三〕

轉身右蹬脚（二）
42式 〔一二四〕

上步搬攬錘（一）
43式 〔一二五〕

〔一二三〕
〔一二四〕
由上式左足微落。向左圜轉。右足尖作螺絲轉。（轉大半圜）左足着地。雙手合攏作交叉式。左腿微曲站定。蹬右脚。雙手同時分開。（如二圖）

上步搬攬錘（二）
43式 〔一二六〕

〔一二五〕
〔一二六〕
由上式右手反掌拿拳曲肘。同時與右脚橫轉微曲。落下左足。與左手同時上步。伸手弓左腿。打右拳。左手同時收回。扶至右手腕。（如二圖）

如封似閉（一）
44式 〔一二七〕

如封似閉（二）
44式 〔一二八〕

十字手（一）
45式 〔一二九〕

97

十字手(二) 45式 [一三零]

抱虎歸山(一) 46式 [一三一]

抱虎歸山(二) 46式 [一三二]

抱虎歸山(三) 46式 [一三三]

抱虎歸山(四) 46式 [一三四]

抱虎歸山(五) 46式 [一三五]

抱虎歸山(六) 46式 [一三六]

抱虎歸山(七) 46式 [一三七]

斜單鞭(一) 47式 [一三八]

47式 斜單鞭（二）〔一三九〕

47式 斜單鞭（三）〔一四零〕

48式 右野馬分鬃（一）〔一四一〕

〔一三九〕〔一四零〕

姿式與前單鞭同。惟方向爲斜方。

〔一四一〕

〔一四二〕

由上式右掌放開。右手轉下。左手轉上。雙手轉至身前作抱球狀。右足同時收至左足前。右足再向右前斜方上步弓腿。雙手同時左右分開。右掌心向上。左掌心向下。（如二圖）

48式 右野馬分鬃（二）〔一四二〕

〔一四三〕

〔一四四〕

由上式右手上。左手下。雙手轉至面前。如抱球狀。右足尖與身體同時向右斜轉。左足向前斜方上步弓腿。雙手則向前後分開。左掌心向上。右掌心向下。（如二圖）

48式 左野馬分鬃（一）〔一四三〕

48式 左野馬分鬃（二）〔一四四〕

48式 右野馬分鬃（一）〔一四五〕

右野馬分鬃(二)

48式

〔一四六〕

攬雀尾(一)

49式

〔一四七〕

攬雀尾(二)

49式

〔一四八〕

〔一四七〕由上式右掌向內轉下落。同時右足橫上一步。左手則同時向左方抬起。掌心向內。肘處微彎。（如圖）以下六圖同前。

攬雀尾(三)

49式

〔一四九〕

攬雀尾(四)

49式

〔一五零〕

攬雀尾(五)

49式

〔一五一〕

攬雀尾(六)

49式

〔一五二〕

單鞭(一)

50式

〔一五三〕

單鞭(二)

50式 〔一五四〕

單鞭(三)

50式 〔一五五〕

玉女穿梭(一)

51式 〔一五六〕

〔一五六〕
〔一五七〕
〔一五八〕

由上式左手與左足同時向內轉。左手轉至腰間。同時坐左腿。右足收回半步。右手不動(如一圖)右足抬起橫轉落實。左掌由右肘下穿出。右手收回放掌(如二圖)左腿向左斜方上步弓腿。式手轉上至左額外。右掌同時向左斜方推出。坐掌。(如三圖)

玉女穿梭(二)

51式 〔一五七〕

〔一五玖〕 〔一六零〕

由上式左足與身體同時向右轉。右手反掌在下。(如四圖)翻轉右身。右足向右斜方上步。弓腿。同時右手自下轉上。至右額上。掌心向外。左掌則向右斜方推出。(如五圖)

玉女穿梭(三)

51式 〔一五八〕

玉女穿梭(四)

51式 〔一五玖〕

玉女穿梭(五)

51式 〔一六零〕

101

玉女穿梭（六） 51式 【一六一】

玉女穿梭（七） 51式 【一六二】

玉女穿梭（八） 51式 【一六三】

【一六一】【一六二】

由上式右手自面前下落。與左肘平。左足提前如上步狀。（如六圖）左脚向左斜方上步。弓腿。左手抬至左額上。右掌自下向左斜方推出。（如七圖）

【一六三】

由上式左足與身體同時向右轉。右手在下。掌心向上。（如八圖）右足向右斜方上步。弓腿。右手自下轉至右額外。掌心向外。左手同時則推至右斜方。坐掌。（如玖圖）以上玖式。皆爲玉女穿梭式。此式所謂四隅玉女穿梭。

玉女穿梭（九） 51式 【一六四】

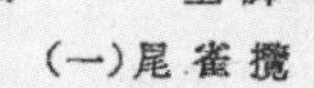

【一六五】

由上式左手與左足同時向左橫上半步。弓腿。灣肘。右手同時下落。至右膝前。（如圖以下五圖同前）

攬雀尾（一） 52式 【一六五】

攬雀尾（二） 52式 【一六六】

攬雀尾（三） 52式 【一六七】

攬雀尾(四) 52式 [一六八]

攬雀尾(五) 52式 [一六九]

攬雀尾(六) 52式 [一七零]

單鞭(一) 53式 [一七一]

單鞭(二) 53式 [一七二]

單鞭(三) 53式 [一七三]

雲手(一) 54式 [一七四]

雲手(二) 54式 [一七五]

雲手(三) 54式 [一七六]

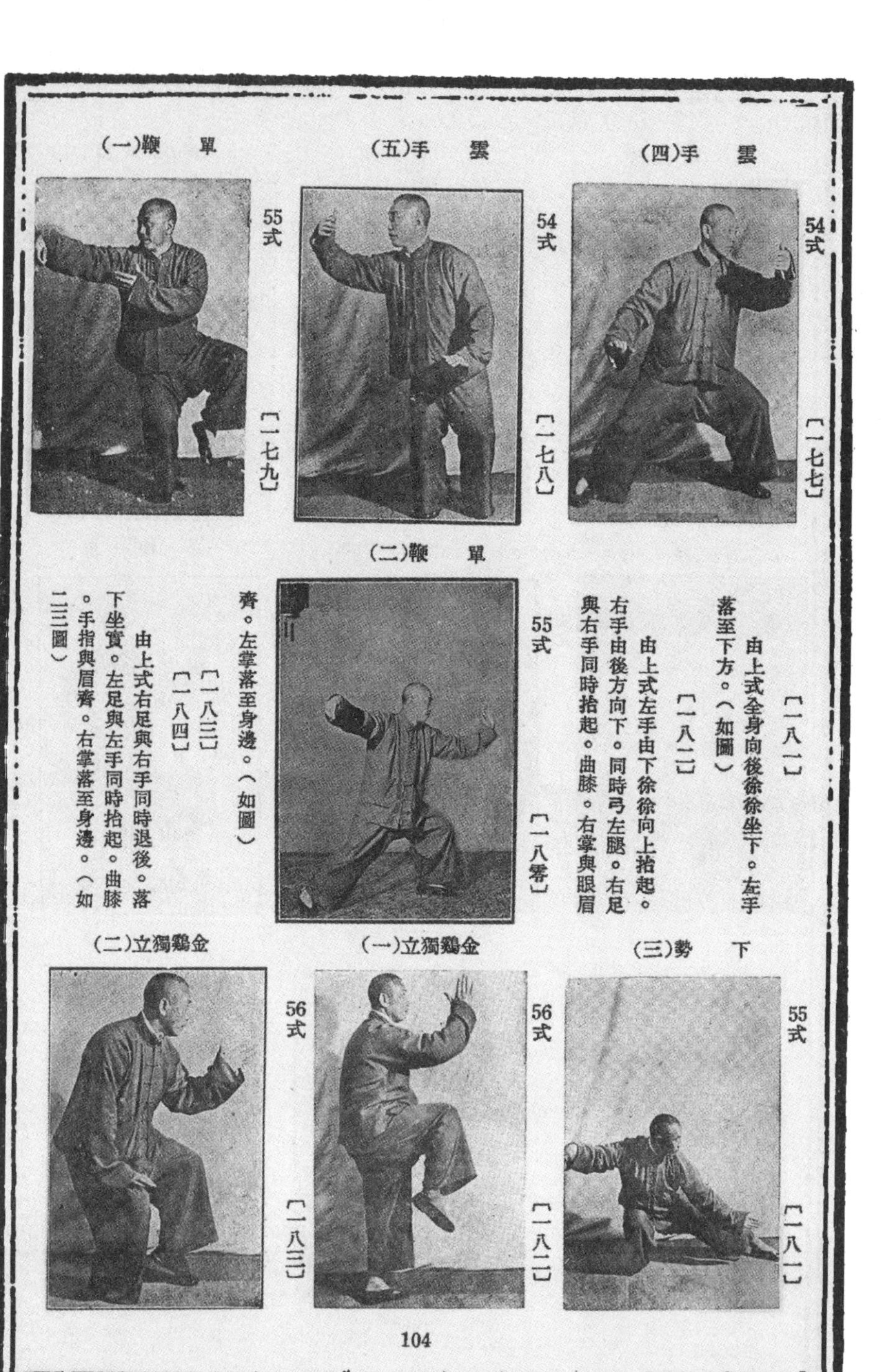

雲手(四) 54式 [一七七]

雲手(五) 54式 [一七八]

單鞭(一) 55式 [一七九]

[一八一] 由上式全身向後徐徐坐下。左手落至下方。(如圖)

[一八二] 由上式左手由下徐徐向上抬起。右手由後方向下。同時弓左腿。右足與右手同時抬起。曲膝。右掌與眼眉齊。左掌落至身邊。(如圖)

單鞭(二) 55式 [一八零]

[一八三] [一八四] 由上式右足與右手同時退後。落下坐實。左足與左手同時抬起。曲膝。手指與眉齊。右掌落至身邊。(如二三圖)

下勢(三) 55式 [一八一]

金鷄獨立(一) 56式 [一八二]

金鷄獨立(二) 56式 [一八三]

104

金鷄獨立(三) 56式 〔一八四〕

倒輦猴(一) 57式 〔一八五〕

倒輦猴(二) 57式 〔一八六〕

倒輦猴(三) 57式 〔一八七〕

倒輦猴(四) 57式 〔一八八〕

倒輦猴(五) 57式 〔一八九〕

倒輦猴(六) 57式 〔一九〇〕

斜飛式(一) 58式 〔一九一〕

斜飛式(二) 58式 〔一九二〕

提手 59式 〔一九三〕

白鶴亮翅(一) 60式 〔一九四〕

白鶴亮翅(二) 60式 〔一九五〕

摟膝拗步(一) 61式 〔一九六〕

摟膝拗步(二) 61式 〔一九七〕

摟膝拗步(三) 61式 〔一九八〕

海底針(一) 62式 〔一九九〕

海底針(二) 63式 〔二〇〇〕

山通臂(一) 63式 〔二零一〕

106

山通臂(二)
63式
〔二零二〕
白蛇吐信(一)
64式
〔二零三〕
白蛇吐信(二)
64式
〔二零四〕
上步搬攬錘(一)
65式
〔二零五〕
上步搬攬錘(二)
65式
〔二零六〕
上步搬攬錘(三)
65式
〔二零七〕
攬雀尾(一)
66式
〔二零八〕
攬雀尾(二)
66式
〔二零九〕
攬雀尾(三)
66式
〔二一零〕
107

攬雀尾(四)

66式 〔二一一〕

攬雀尾(五)

66式 〔二一二〕

攬雀尾(六)

66式 〔二一三〕

攬雀尾(七)

66式 〔二一四〕

單鞭(一)

67式 〔二一五〕

單鞭(二)

67式 〔二一六〕

單鞭(三)

67式 〔二一七〕

雲手(一) 68式 〔二一八〕

雲手(二) 68式 〔二一九〕

雲手(三) 68式 〔二二零〕

雲手(四) 68式 〔二二一〕

雲手(五) 68式 〔二二二〕

單鞭(一) 69式 〔二二三〕

單鞭(二) 69式 〔二二四〕

高探馬

70式 【二二五】

代掌穿

70式 【二二六】

轉身十字腿(一)

71式 【二二七】

轉身十字腿(二)

71式 【二二八】

進步指擋錘(一)

72式 【二二九】

【二二六】

由上式右手按下。左手由右掌上穿出。同時左腿上步。弓腿。（如圖）

【二二七】

由上式轉左掌左足。與身體同時向右轉。左腿坐式。左手轉至左耳邊。右掌心向下。蹬右脚。雙手同時分開。左腿微曲（如圖）

【二三零】

由上式右手轉下拿拳。與右足同時落下坐實。右拳落至腰間。左手由上向右方落下。轉至左膝外。左足於左手落下時上步弓腿。右拳向前下方打出。（如圖）

進步指擋錘(二)
上步攬雀尾(一)
上步攬雀尾(二)
上步攬雀尾(三)
上步攬雀尾(四)
上步攬雀尾(五)
上步攬雀尾(六)
單　鞭(一)
單　鞭(二)

單鞭（三）

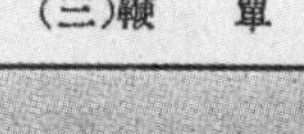

74式 【二三九】

下勢

74式 【二四零】

上步七星錘

75式 【二四一】

【二四一】

由上式左手抬起。左足微向外轉。同時弓腿。右手向下彎曲。與右足同時伸至前方。雙手拿拳。作交叉式。左足坐實。右足虛上半步（如圖）

【二四二】【二四三】

由上式雙拳放掌。微向下落。右足向後抬起。坐落後方。同時雙手向左右分開。右手微高。左足同時虛收半步。

退步跨虎（一）

76式 【二四二】

足尖着地。（如圖）

【二四四】【二四五】【二四六】【二四七】

由上式左手向上轉。右手向下轉。雙手轉合至身前。左足提起。向右方轉至後方。　左腿坐實。身手同時圓轉一圈。左手在上。右手在下。右足虛站半步。右足提高。左右雙手同時向足面一拍。（如四圖）

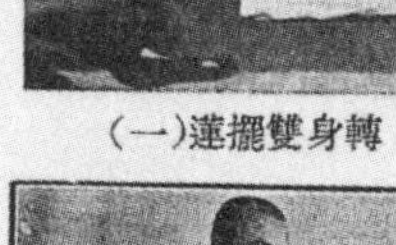

退步跨虎（二）

76式 【二四三】

轉身雙擺蓮（一）

77式 【二四四】

轉身雙擺蓮（二）

77式 【二四五】

轉身雙擺蓮(三)

77式

〔二四六〕

轉身雙擺蓮(四)

77式

〔二四七〕

彎弓射虎(一)

78式

〔二四八〕

彎弓射虎(二)

78式

〔二四九〕

彎弓射虎(三)

78式

〔二五零〕

轉步搬攬錘(一)

79式

〔二五一〕

轉步搬攬錘(二)

79式

〔二五二〕

〔二五零〕

由上式右足向右斜方落下。弓腿。雙手拿拳向上。曲至右斜方。雙手由右斜方向左斜方打出。（如三圖）

〔二五一〕

由上式手鬆拳反掌 。 雙手向下轉。（同前如三圖）

轉步搬攬錘(三)

79式

〔二五三〕

如封似閉（一）

80式

〔二五四〕

如封似閉（二）

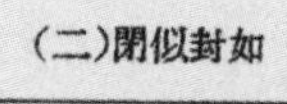

80式

〔二五五〕

十字手（一）

81式

〔二五六〕

十字手（二）

81式

〔二五七〕

合太極

81式

〔二五八〕

四正推手法

四正推手。卽二人推手。掤，攦，擠，按四法也。

掤 卽捧上架高使對方手膊不易落下也。平掤如第一道防線。使對方不能進也。

攦 卽拉也。將對方拉斜。使其立足不穩。我卽有可乘之機。

擠 卽逼對方不能逃也。擠住不易動也。

按 卽用雙手按住對方。使對方不得動也。向下按向前按均可。

練時你攦我擠。我擠你將按。你按我預掤。我掤你再按。我同時又斜攦。此四手法。上下左右前後。週而復始。圓轉自如。二人常常練習。功久自熟。熟能生巧。久之手膊漸有知覺。卽能懂勁。懂勁後。愈練愈精。初學非師傳指導不可。學識方式後卽能自行練習。

四正推手圖

（搭手圖）

（擠）乙

（掤）甲

（按）甲

（攌）甲

四隅推手圖

（搭手圖）

四隅推手即大攌即採裂肘靠四斜方甲乙可能互相運用

四隅推手法（卽大攦）

四隅推手者。一名大攦。大攦者。大步長手將對方拉之旋轉也。亦卽兩人推手時用採裂肘靠四法。向四斜方週而復始。互相推手運動。以濟四正之所窮。

採

卽雙手抓住對方手腕。由高向下猛烈巨力一拉。（用寸勁）

裂

卽將對方姿式或勁力分裂開。使其力量不能集中。（用擇動勁）

肘

卽用肘直打橫打。旋轉打撥打。（用內勁）

靠

卽用肩背靠近對方上身踵抖。（用內勁）

作此動作時兩人南北對立。作雙搭手右式。上圖東西南北爲四正方。東南西南東北及西北爲四隅方。甲及乙乃練習推手之兩人。在未推手之前。兩人分立於中央。南北相對。推手時（一）甲退西南。（二）乙退東南。（三）甲退東北。（四）乙退西北合爲一週。

白衣者爲甲。黑衣者爲乙。甲立於南方面北。乙立於北方面南。作右雙搭手。卽兩人之右手在前。雙方腕背黏粘。各以左掌撫對方之右肘尖處。雙方注神前視。作準備及進攻之勢。

甲左足尖向右轉。右足則向後向西南斜方退一步。作騎馬式。（丁八步）右臂平屈。右手掌撫乙之右腕（採）左臂屈肘。用左前臂按於乙之右臂。手心斜向上。向內作採攦之勢。乙隨甲之退步採攦之勢。卽將左足向前橫進一步。提起右足。直向甲之襠中踏進。同時伸舒右臂。順勢向下。肩則隨甲之採攦之勁。向甲之胸前靠去。左手則繞一小圈。撫於右臂內輔助之。時甲乙兩面相對甲左手按乙之左腕。右手按其左肘尖（謂之裂）。此時是一個用法。如左足自外轉向內襠中踏上一步。就可換步。換式以後仿此。

此圖是單面。如行右單面。練習右手。不必按他右手。用閃法向他面用掌。乙右手隨甲右手不離跟上去。甲上右足。乙退左足。兩人並立不停。乙隨卽將右足向後東南斜方退一步。作騎馬式。乙右手將甲之右腕平屈。右臂將甲之手向後向下採。左臂以肘前節攦甲之右臂。甲承乙之退步。採攦時。左足向前橫上一步。卽提右足直向乙之襠中踏進。作騎馬式弓步。同時右臂彎肘。順勢先可用肘肩。則隨乙之採攦之勁。向乙之胸部前靠。左手則繞小圈。撫於右臂內輔助之。亦可作擠勢。乙左手尖撫甲之左腕外部。右手掌撫肘尖。作按勢。同時提右足約與左足並立。甲亦同時收右足與左足並立。隨卽承乙之按勁。移右足向後東北斜方退一步。而以右手撫乙之右腕。平屈右臂。向後採之。同時屈左肘以左前臂按乙之右臂。作攦勢。乙亦隨甲之採攦之勁。移左足向前橫上一步。起右足向甲之襠中踏進。伸左臂斜向下以順其採攦之勁。同時用肩向甲之胸部前靠。左手向後小圈。撫於右臂內輔助之。亦作擠勢。

甲卽以左手撫乙之左腕外部。右手掌則撫其肘尖。作按勢。並收右足約與左足平立。乙隨甲之按勢。亦收回右足。與左足平立。乙同時移右足向後方西北隅斜退一步。作騎馬式。右手撫甲之右腕。平屈右臂。將甲之右手向後斜下採。左臂平屈左肘。用左前臂將甲之右臂作攦勢。甲承乙之退步。及採攦時左足向前橫出一步。及起右足直向乙之襠中踏進。作騎馬式。右步。伸舒右臂。順勢向下。而右肩則隨乙之採攦之勁。向其胸前靠去。左手則向後繞小圈。撫於右臂內輔助之。亦作擠勢。乙左手撫甲之左腕。右手掌撫其左肘尖。同時收右足向前與左足並立。作按勢。而甲亦同時收右足退至與左足並立。回復南北對立之式。是爲一週。可繼續循環練習。至連續若干週。則適隨練者之氣力所及也。

五行步法

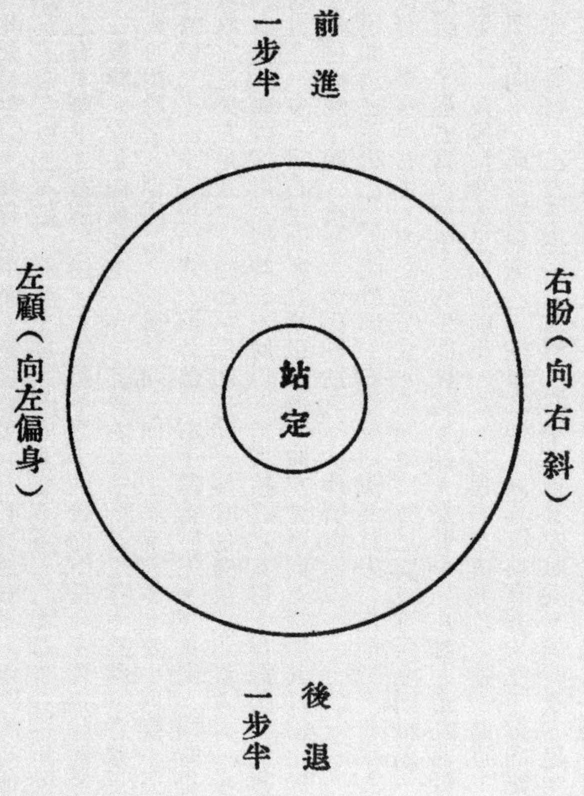

前進一步半

右盼（向右斜）

左顧（向左偏身）

站定

後退一步半

五行步法。卽金木水火土五行方位變化爲此五步。

進步屬火

退步屬水

左顧屬木

右盼屬金

站定卽中土

此爲太極拳術基本步法。推手散手均適用。中定站穩。左右能換步。進退自如。

太極劍式（共五十一式）

三環套月　魁星式　燕子抄水　左右攔掃　小魁星

燕子歸巢　靈猫捕鼠　鳳凰抬頭　黃蜂入洞　鳳凰右展翅

小奎星　鳳凰左展翅　等魚式　左右龍行　宿鳥投林

烏龍擺尾　青龍出海　風捲荷葉　左右獅子搖頭　虎抱頭

野馬跳澗　勒馬式　指南鍼　左右迎風撣塵　順水推舟

流星趕月　天馬行空　挑簾式　左右車輪　燕子啣泥

大鵬展翅　海底撈月　懷中抱月　哪吒探海　犀牛望月

射雁式　青龍探爪　鳳凰雙展翅　左右挎攔　射雁式

白猿獻菓　左右落花　玉女穿梭　白虎攪尾　魚躍龍門

左右烏龍絞柱　仙人指路　朝天一指香　風掃梅花　牙笏式

合太極

太極刀歌訣

七星跨虎交刀勢 騰挪閃展意氣揚 左顧右盼兩分張 白鶴展翅五行掌
風捲荷花葉內藏 玉女穿梭八方勢 三星開合自主張 二起脚來打虎式
披身斜掛鴛鴦脚 順手推舟鞭作篙 下勢三合自由招 左右分水龍門跳
卞和攜石鳳還巢 吾師留下四刀讚 口傳心授不妄教

【附四刀用法】 斫 剺 剗 截割 撩腕

太極槍

第一槍刺心 第二槍刺腿 第三槍刺膊 第四槍刺喉（以上爲粘黏四槍）
第一槍刺心 第二踏刺膀 第三槍刺足 第四槍刺面（以上爲四散槍。總上八槍爲體）
第一槍採槍 第二槍挒槍 第三槍扔槍 第四槍鏇槍（以上四槍爲用）
第十三槍爲纏槍（卽如司令。萬法可用）

劍刀槍各式均錄於前。因身法複雜無法製圖。總之太極拳成功。各項兵器隨心所欲。持兵器接長兩手而已。其挑撥刺砍剷拖之勁。完全以打拳所得之內勁用之。其招架之靈感。亦在拳內求之。功夫純熟。可生千百眼。千百手。此非言大而誇也。讀者貫通後。當知所言非虛。

自古拳術名稱本無一定。多數以形取名。以名取義。以義收其功效。太極拳亦然。快拳也不外如是。

太極快拳（又名英傑快拳）

攬切衣（快）	單鞭（快）	合勁（慢）	仙鶴張翅（微停）
托琵琶（慢）	轉琵琶（慢）	裂掌（快）	跳步搬攬捶（快）
連環圓封閉（快）	豹虎回山洞（快）	挫掌簸箕式（慢）	進退閃戰（圓轉）
大鵬騰空（凌空）	撞肋捶（慢）	白猿閃身（退慢）	鳳凰斜展翅（微停）
返身搬按捶（微停）	進步攬挫衣（快）	連環式（快）	刁手（快）
左閃右避（慢）	探馬式（慢）	英雄獨立（快）	騰身法（快）
擄掌（慢）	鳳還巢（快）	太極還元（立穩）	

快拳是由上乘功夫。經實用而發明。有慢有快。慢是以靜待動。快是發勁神速。有陰陽。有虛實。有精神。有蓄神。身法巧妙。姿式精彩。然非有三年以上功夫。不易領略也。妙法甚多。待出專書詳論之。

董英傑太極快拳緣起

太極拳非不可以新發明。亦非人人可以能發明。有董老師高深功夫。能文能武。文武兼全而後可。董老師爲太極拳術界老前輩。南中國第一名師也。以練拳三十年之經驗。發明一套太極快拳。此拳令人精神奮發。人人悅意學習。特長有三。（一）精彩（二）實用（三）神速。既爲董老師所發明。故可稱曰董英傑太極快拳。其練法與用法合一。體用兼備。寓武於文。一舉兩得。事半功倍。誠太極之光輝。後學之福音也。

黎仙裁

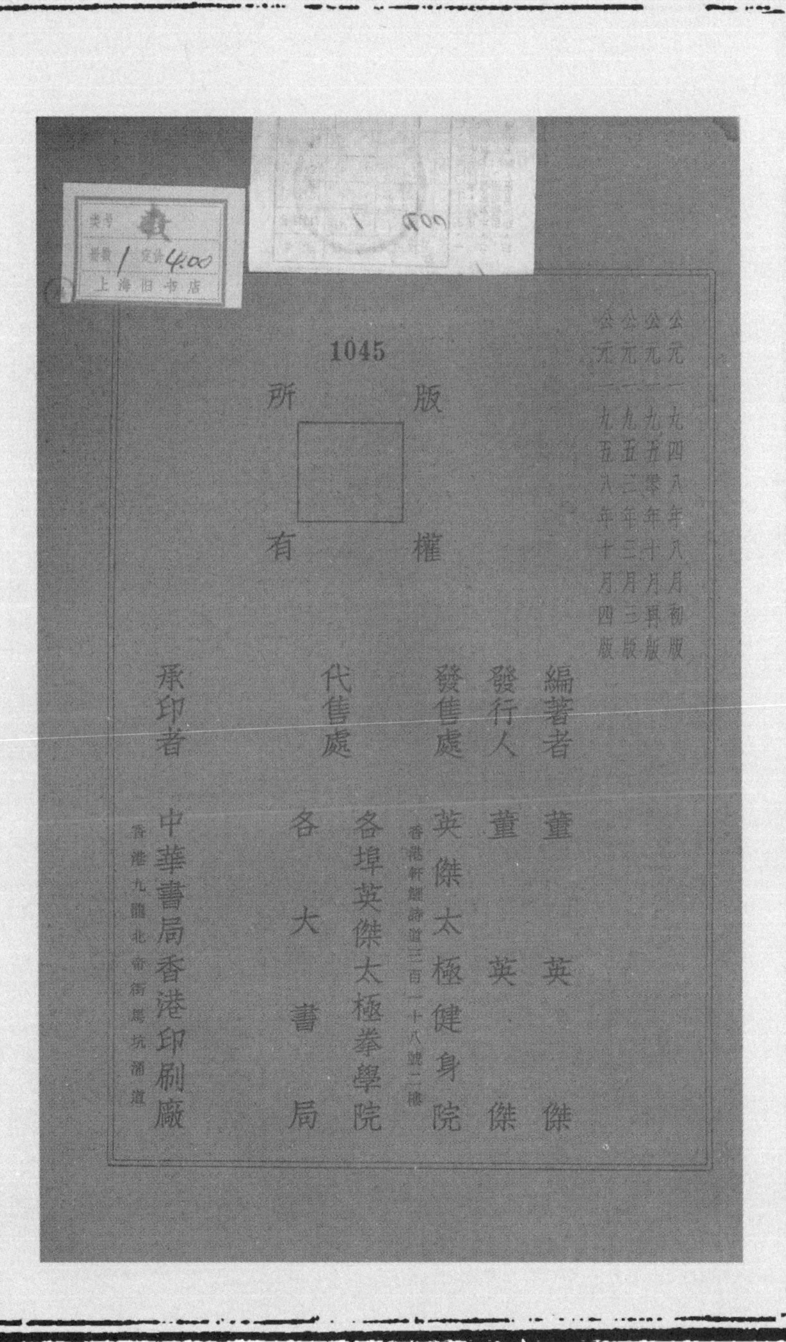

公元一九四八年八月初版
公元一九五零年十月再版
公元一九五二年三月三版
公元一九五八年十月四版

1045

編著者 董英傑
發行人 董英傑
發售處 英傑太極健身院
香港軒鯉詩道三百一十八號二樓
代售處 各埠英傑太極拳學院
各大書局
承印者 中華書局香港印刷廠
香港九龍北帝街馬坑涌道

英傑

河北董英傑先生著

太極拳釋義

玄玄子署

太极拳释义目录

太极拳源流

拳论详解

歌诀论解

习拳须知

太极拳式

太极推手

附录

黄序

中国拳术，自来分内外两家。王士祯云："拳术之勇少林为外家，武当张三峰为内家。"今海内流行之太极拳，则云传自三峰也。考三峰名通，字君实。先世豫章人，后徙居辽阳。明洪武间，居湖广武当山。湛通道法，技拳绝伦。所传太极拳名十三势者，有山右王宗岳于太极蕴义，阐发至尽。今所传《太极拳经》《十三势行功心解》皆宗岳撰也。宗岳以其技传至浙江陈州、同河南蒋发，由是其门人分传南北。南由州同而传递张松溪，而叶继美，而单思南，而王征南，皆浙东人。以松溪、征南为最著，后不得其传；北则由蒋发传之陈家沟陈姓，数代而继之陈长兴，长兴传之杨禄禅。禄禅河北广平人，尽得长兴秘传。益以苦练技臻绝境，声华最显。爱好拳术者，多从之学，称弟子焉。禄禅有子三：长凤侯、次班侯、三建侯，均传其学。班侯、健侯二人传其家，中有振远、少侯、澄甫。班侯、建侯又传至外姓弟子数人，有陈秀峰、万春、全佑、凌山、王茂斋等，其他惜未能一一知其名字云。自禄禅以来，先后垂五十年，太极拳几为杨氏之家学。自南方香火失继，此道独行于北方。凡黄河两岸、燕山太行，绍其统绪者不可胜述。自荆楚而吴越，五岭以南之流行乃为后来事耳。太极拳象征阴阳循环之理，阴阳也，虚实也，动静也，开阖[①]也，循环周行，贯串延绵不断也。由此，阴阳、虚实、开阖、动静，而周行贯串循环不断，其运动变化无穷。凡外家拳必硬必快，练太极虽柔慢，用时则神速。柔取其圆转绵延，慢所以静，静所以定，故能以静待动、以柔克刚也。太极拳最贵虚实，而忌双重。双重，谓无虚实也。虚实之间，必有重心，曰中定。每一虚实皆有中定，有变化。中定之机，其根在脚，发于腿，主宰于腰，而形之于指。其动作而鼓荡，则沉死、松胯、净腹、涵胸、拔背、沉肩、垂肘。以此鼓荡，发而为一种潜在之内力。内家不名之曰力，而名之曰劲。劲之为义有五：曰粘、曰连、曰黏、曰随、曰不丢顶。粘者，提上拔高也。连者，贯也，不中断也。黏者，贴也，彼进我退，而彼退我进也。随者，从也，舍己以从人也。不丢顶者，言不丢、不顶、不脱离、不抵抗、不抢先、不落后，如粘如黏，而丢之不开、投之不脱也。其精义则总括之于十三势，十三势者八门五步也。八门，四正方四斜方也，亦即掤、攦、挤、按、採、挒、肘、靠之八法也。五步，则前进、后退、左顾、右盼、中定也。或以八门比诸八卦，五步比诸五行四方四角。而阴阳开阖，回环不断，故十三势又名长拳。长拳者，如长江大海滔滔不断也。至其精微玄妙之处，所谓沉着松静；所谓气鼓荡神内敛；所谓人刚我柔，我顺人背；所谓极柔软而后极坚刚；所谓以心行气，以气连身；所谓力由脊发，步随身换；所谓动急急应，动缓缓随；所谓心为令、气为旗、腰为纛[②]；所谓先心后身，气敛入骨，已详于宗岳所论。非有经久之体验，具甚深之造诣，莫能领会。中国拳术，无论外家内家，均各有独到之处。其所以不宏，或竟至中道斩绝，厥故有五：历来教法之不尚，与学者之畏难一也；授受悉凭口耳，无文字记载以补口耳之不足二也；即或有之，专讲文字空谈理论，而不求太极拳真功夫自损其价值三也；门户各立，势同水火四也；历代重文轻武，士大夫故作鄙夷五也。有此五因，中国拳术，乃沦于市井之技，无由达于社会。晚近国人渐知，提倡拳术，不遗余力。南北内外各家长足竞进，省市部会均有拳社之创立。公开研究，力矫已往之失。而学校功课，亦以体育为重。中国人种之改造，此其转机乎。

河北董英杰先生，今中国太极拳之名师也。出杨氏澄甫门，为杨学嫡传。数十年寝馈斯道，未尝一日间断。足迹遍南北各省，所至授徒，善诱不倦，门人述其轶事甚多。尝与人交手，从容若定。其人奋拳击先生，先生不以为意，略一推手，其人已跌出丈外。是先生之技，已由妙境而进于化境矣。余于南北内外各家之拳，均爱好而未尝学。廿五年冬，执役北平中法大学，闻有洪君者，精太极拳，始学焉。法国友人邵可侣先生，执教北京大学，亦学焉。惜为时未久，南归以后，强半荒废，及来濠镜[3]，始识先生。最近先生编《太极拳释义》一书，凡二百六十图，由王君希逸为摄影，征序于予。余非能太极拳，不过略解其意。因抒鄙见，述其大要如此。

黄尊生

注释

① 阖：音hé，同“合”。

② 纛：音dào，本意指军中的大旗，此处借指发动的源泉。

③ 濠镜：澳门的旧称。

按：黄尊生（1894—1990年），广东番禺人，著名学者，中国世界语运动之先驱。黄先生所写序言，阐述拳理精微透彻、极有见地；然而，对拳史之记述则疏于察考，甚显敷衍，其误有三：

（一）“中国拳术，自来分内外两家……”此言谬矣！中国拳术于民国之前是以长拳和短打类分，无内外家之别。以腿法见长之北方拳种属长拳类，以拳法见长之南方拳种属短打类。故，太极拳在清代属于长拳类。

（二）内家拳，本为武术之一种，明代承传有序，相传盛于浙江一带，出现过陈州同、张松溪等名家。清代王征南、黄百家传授此拳，原有应敌打法、穴法、练手三十五、练步十八、七十二跌、三十五拿、十四禁犯病法等内容，后于清代逐渐势微而失传。故，内家拳和太极拳于民国之前属于两个拳种，承传脉络不能混为一谈。

（三）拳术分为内外两家见于民国年间，查阅相关资料，概始于孙禄堂先生（1860—1933年）于1924年编著之《太极拳学》一书，后被广为沿用。此方为太极拳属于内家拳之肇始。

黄先生之所以将“内家”“太极拳”“张三峰”“王宗岳”“陈州同”“张松溪”“王征南”“蒋发”“陈长兴”“杨禄禅”等等相混淆成为一条传承脉络，一则缘于耳闻，未及详查核实；二则研究拳史，并非先生专长。无心之错，大可原谅。

另外，《黄序》中写道：“……《十三势行功心解》，皆宗岳撰也。”也存在失误，《十三势行功心解》实为武公禹襄（1810—1882年）所撰，下文将作详述，此不赘言。

林序

太极拳之动作与运动，无处不合于生理卫生之条件。故体松劲柔，所以无激烈之害。一动全身皆动，所以无偏颇之弊。以意连身，呼吸自然，所以无滞气损肌之急。立身中正，不偏不欹[①]，所以有矫正姿势之效。且气敛入骨，有易骨换髓之妙。意之所至，更可使不随意之肌肉亦能动弹。气沉丹田，则脏腑随之而蠕动。神凝气固，则精液不散。习之者能使神经健全，呼吸深长，血液流通，消化增良，排泄畅通，而助新陈代谢之功用。习之既久，更能使身体灵活，思想敏捷。及养成持久耐劳忍苦等美性，而予吾人事业上、教育上以莫大之助力。其在身体上之价值，实为妥善之运动。且他种运动，须有广大场所，多项器械，及集合多人，方能实行；或则宜于壮者，不宜于老幼。太极拳则不然。无须广大场所，置备器械，复免集合多人同习之烦。一人可练，多人亦可练。宜男宜女，宜老宜幼。其实施便利，既合体育生理卫生各条件，复为终身可练有永久性之运动，诚有体有用尽美尽善之国粹体育。高尚道德之人，盍[②]一致提倡，以福我同胞，而阐扬我国光也?

弟子　林伯炎撰

注释

① 欹：音 qī，同“攲”，倾斜，歪。

② 盍：音 hé，何不。

按：林伯炎，毕业于上海精武体育师范学校，曾练习谭腿、鹰爪、螳螂、形意等拳术，亦得杨澄甫（1883—1936 年）、吴鉴泉（1870—1942 年）、孙禄堂、黄柏年等前辈指点。后拜师董英杰先生，系统学习杨传太极拳学。1967 年，在新加坡成立伯炎太极健身会。林先生之《序》，重点阐述太极拳运动对“生理卫生”之影响，称太极拳为“尽美尽善之国粹体育”。今天读来仍然令人振奋。

胡序

吾国拳术，大别之为内外功两派。而有益身心，收效极宏，莫若内功太极拳。盖外功拳术尚力，太极拳尚气；外功尚刚，太极尚柔。故无论男女老少壮弱，均可学习之。鄙人素禀孱弱，早年曾患气促痰喘，屡医罔效。旋得一同学黄君劝习太极拳，并授以运动方式。据称毋须服药，习既久诸病自除。遵之，初习旬余，味同嚼蜡。复据黄君屡道此中神妙，姑耐心习之。月余渐觉精神焕发，兴趣盎然。由是习之不懈，不一年诸病悉除。迨民廿七年，违难香江。复得大极拳专家杨澄甫嫡传董英杰先生，将从前所学方式，加以矫正。并授以阴阳、开阖、伸缩、疾徐、呼吸相应之理，忽忽习又数年，遂将从前一切萎靡不振之态，廓而清之。益觉丹田气壮，血液畅通，体重不加肥，遇劳不觉倦，其功真非笔墨所能殚述。鄙人奉以为护身驱病至宝，日必习之，如服一贴补药焉。兹者董先生将《太极拳释义》刊印成书，鄙人谨以获益于斯道，略述数言于此。

及门　胡文轩谨述

按：身为徽商之胡文轩，以自身疗疾体健之经验来佐证太极拳运动功效，令人信服。

周序

我国人之谋健康者，恒取资于饮食与丸饵。实则烹宰伤生，药物鲜当，其收效之能否神速，殊属疑问。西人大不谓然也。西人图强，注重运动，运动技术，千端万绪。要皆视如菽粟水火，不可一日离。是以修干伟躯，以侏儒目我。不知我国运动，固有出神入化之国粹。不独西人所未喻，即我国老年拳术家亦未有谙其奥妙者，则太极拳是也。太极拳创始于武当张三丰祖师，师伟人，亦属异人。其手创拳术拳名，有十三势，凡三十七式，二百六十纪。采天地阴阳之精理，变化无穷。其循环旋转，又如日月之不息。神而明之，可以愈羸，可以益寿，亦可以御侮。其术由北而南，身受益处，何止千百，不知凡几矣。予患胃病，经已数载。每苦饮食之窒碍，居恒郁郁不安。天假之缘，前数年董师英杰因香港事变来澳。同人设馆于天天俱乐部，奉为导师。日锻月炼，予亦捧手其间，习至四月，饮食增进无碍。再越两月，其病若失。迄今数年，体量亦较增重。设非予身受其益，断不信连动之效可至于此，然亦幸遇董师耳。

弟子　周兰陔谨述

按：周兰陔同样以疗病经验与读者分享，“非自身受益，断不信运动之功效可至于此”。鼓励国人习太极拳，多加运动，强健体魄。

谭序

太极精微重守中，璇机变化妙无穷。
董师编纂成书后，上下相随尽景从。

受业　谭耀川敬颂

按：两句诗，言简意赅，却意味深长，道出修炼太极拳之两个要点——“守中”与“上下相随”，其“玄机”尽在董先生《太极拳释义》之中。

黄 序

鄙人素禀孱弱，冬令频冒伤风。曾于二十年前，在书坊购得《八段锦》一本练习。但虽按图仿学，始终乏师指导。其中奥妙之处，茫然无知，引为憾事。久闻河北董英杰先生，为中国太极拳名师，出自杨师澄甫老先生之门。足迹遍江南各省，所至备受欢迎。民廿八年，董师适莅香港。仝[①]人于是年四月，敦请董师来澳教授。假寄闲地方为馆址，月来教数次。得黎君柱石为佐教，遂与同志等每晨练习。黎君亦循循善诱，迨香港事变后，请董师来澳。朝夕得聆矩诲。由鄙人商借平安戏院习早场，孔教学部习夜场，风雨无间。数年以来，不特前病若失，觉精神体魄，似比前犹胜。鄙人今年已六十又五矣，步履视往昔较为稳健。谓非太极拳之功，其可得乎？今夏董师将《太极拳释义》刊印，鄙人谨将获益于太极拳者，略述数言。

及门　黄豫樵护[②]述

注 释

① 仝：音 tóng，意同“同”。

② 护：繁体为“護”，应为“謹”（谨）之误。

按：黄豫樵，时为澳门知名风水先生，文人圈中富有盛名。其序不仅谈太极拳健身疗疾体会，更记录一则鲜为人知之史料，即董公避离日寇占领下之香港居于澳门，是受这位黄先生邀请。

董序

余拜师傅，学了三年，练功七年，十遍寒暑，三易肥瘦矣。精神足满，眼神光芒外射。浑身不怕打，不知病，惟打人未敢鲁莽耳。时盼我师莅沪，续请教诲，以完初志。

得道传道大行其道，练功成功不负此功。

吾师拳书编成，略上浅言，非敢荒唐。因近习拳同志，皆知拳能养身，不知拳能防身。学成柔而无能，如此以往，将来失其谓之拳乎？故此语激励同志，有恒学深造也。

弟子　董世祚

按：董世祚先生善于推手，因而他在序言中强调不仅要知道“拳能养身”，更要懂得“拳能防身”，以免“失其谓之拳”。“得道传道大行其道，练功成功不负此功”。说得妙极！同时，他身体力行做得很成功。他是英杰先生弟子中之佼佼者，为传播太极拳作出突出贡献。

温序

吾国拳术，大别分为内外两家。各家以相传日久，取法渐有分歧。迄今派别虽多，然能运用轻灵，法尚神妙者，其为太极拳乎。太极拳创自宋末张三峰先生，由太极变化而成拳。能以静制动，以柔制刚。日常练习，可以健身，可以延年。造诣较深，则更可以御侮。自明迄今，代有传人。薪火绵延，不绝如缕。自杨澄甫祖师出，道乃大行。英杰老师为杨祖师高足，躬承衣钵。追随杖履者[①]几及二十年。荷厥甄陶[②]，藉其砥砺。用能探玄窥秘，识远智微。模楷友生，津梁[③]后学。二十年前，广州习拳同志礼聘来粤，广传绝技。法针砭俗，神手点金。青衿[④]组带，济济趋尘。高盖[⑤]华轩，侁侁[⑥]捧手，或坐风而立雪，或负笈而袪衣。若水归墟，如星拱极。顾盼感风云之气，吹嘘扬行素之芬，甚盛事也。今日者，树既成蹊[⑦]，针皆补衮。待用者，不为恒丝庸帛；就植者，自非苦李寒桃。点瑟堪夸，尼墙可接。顾以及门之既众，遂思睽迹[⑧]之恒多。徒切山高水长之思，不少云飞泥滞[⑨]之慨。是用有“释义”之作，将以永铭教泽，共企光辉。岂惟道统之克传，庶几声气之同应。渊源有自，宗派斯尊。骥尾[⑩]可追，龙门未远。亦及门诸子所乐闻欤。是为序。

温伯琪

注 释

① 杖履者：对老者、尊者的敬称。

② 甄陶：指烧制瓦器。意为培养造就。

③ 津梁：指渡口和桥梁，比喻起引导、过渡作用。

④ 青衿：青色交领的长衫。借指学子。

⑤ 高盖：高车。借指显贵者。

⑥ 侁侁：音 shēn shēn，形容众多。

⑦ 蹊：音 xī，小路。

⑧ 睽：音 kuí，应为“睽”，违背、不合。

⑨ 云飞泥滞：原成语为“云飞泥沉”，比喻悬殊极大。

⑩ 骥尾：语出《史记·伯夷列传》：“颜渊虽笃学，附骥尾而行益显。”司马祯索隐：“苍蝇附骥尾而致千里，比喻颜回因孔子而名彰。”后用比喻追随先辈、名人之后。

玄玄子序

河北任县董英杰先生，幼好技击。读书之暇，遍访名师，虚心请益。燕赵之间，本多悲歌慷慨之士。先生近水楼台，得各派真传。嗣遇顺德李香远先生授以内家拳太极十三势，功益精进，名播遐迩。先生时已三十余矣，自觉未能登峰造极，拟再访名师，以求深造。辗转数省，访师实难。后闻杨氏太极拳乃天下真传，先贤杨禄禅之孙杨澄甫先生，时授徒北平。先生负笈往投，随师南下，程门立雪[①]者十年。澄（甫）先生鉴其意诚，尽将所得授于先生。先生推而化之，期年[②]豁然贯通。轻灵刚柔，变化无方。先生曾曰："昔日师尊谆谆教诲，当时不明其意。一旦贯通，方悟一言一动，尽属玄妙。集李氏之功劲，杨氏之轻灵于一身。师恩难忘，今日方知太极拳也。"窃思强国必先强种，强种必先强身。如各国之于拳击，甚为重视。吾国国粹岂能任令其湮灭？乃请之先生，将所学心得，制成图文，刊行海内。俾好武同志，有所借鉴。庶几[③]先贤之学，不致湮灭。先生曰："吾所愿也！吾所吝者，不肯妄传匪人耳。既志在发扬国粹，吾当尽其所学暨先贤留传口诀，附以图表，刊行海内。定名曰《太极拳释义》，供好学诸君子备作参考。"先生是书，言昔人所不言，发今人所未发，一卷刊行，定当洛阳纸贵。精奥备录，实好学者之福音也。

戊子秋七月玄玄子序于香岛

注释

① 程门立雪：旧指学生恭敬受教。比喻求学心切和对有学问的长者的尊敬。

② 期年：亦写作“朞年”，意为一整年。

③ 庶几：此处为希望之意。

按：玄玄子，传说中“张三丰”之别称。故，此序肯定是托名之作。序中除记录著书缘由目的之外，其间透露出一则信息值得当代研究者关注，即在当时，李香远先生（1889—1961 年，师承郝为真先生，所传之拳今称武式太极拳）、杨澄甫先生虽师承不同，但均以太极拳相称，无武式、杨式流派之分。

自序

古者六艺：礼、乐、射、御、书、数，弦歌而外不废武事。拳术与古六艺之中“射”字同其意义，可作艺术推手进步之研究。但只应用以防身，不可挟勇而打斗也。习拳同志，当以礼让、道德、忍耐、涵养为先。张良论中云：“古之所谓豪杰之士，必有过人之节，人情有所不能忍者。匹夫见辱，拔剑而起，挺身而斗，此不足谓勇也。”（此言不可挟勇打斗）又云：“天下有大勇者，无故加之而不怒。”言其有忍耐、涵养。此所以挟持大而其志甚远也。练壮身体，作大事业，为国家有用之才，其志在斯。

孟子云：“天将降大任于是人也，必先苦其心志，劳其筋骨。”此言人当运动，尤须恒心毅力。练太极拳应不畏劳苦，以数月之艰辛，换取终身之康泰，其受用为何如耶？

礼让、道德、忍耐、涵养、练功。

董英杰

按：“礼让、道德、忍耐、涵养、练功”十字箴言，实乃真知灼见！修炼太极拳不做“挟勇打斗”之匹夫，而“练壮身体，作大事业，为国家有用之才，其志在斯”，振聋发聩之言，虽已过六十余载，依旧令人警醒。

武当山祖师观雀蛇斗智图

太极拳，传自张真人。真人辽东懿州人，道号三峰，生宋末。身高七尺，鹤骨松姿，慈眉善目，修髯如戟，顶作一髻。寒暑唯一箬笠，手持拂尘，日行千里。洪武初至蜀太和山，结庵玉虚宫修炼。后至陕西宝鸡山，又入湖北武当山。与乡人论书经，谈说不倦。一日在屋诵经，有喜雀其鸣特异。真人凭窗视之，雀在柏树如鹰俯瞰，地上有一长蛇，蟠[①]结仰视，二物相争。雀鸣声飞下，展翅扇打，长蛇摇首微闪避过。雀一击不中，翻然飞返树上。移时性燥，又飞下翅打。

长蛇复蜿蜒轻身闪过，仍作圈形。如是多次，并未打着。后真人出视，雀飞蛇走矣。真人由此而悟，蟠如太极，采刚柔，按太极阴阳变化，组成太极拳。养精气神，动静消长，通于易理。传之久远，而功效愈著。北京白云观、陕西宝鸡山，现存有真人圣像古迹，可供瞻仰云。

注释

① 蟠：音 pán，盘曲。

著者像

民国卅年英杰太极拳同门合照摄于香港

民国卅三年甲申十月初八庆祝董夫子生辰太极拳社同人合影

民国三十八年十一月廿七日董老师寿辰香港英杰太极拳同人公宴摄影

公历一九五三年元月四日英杰太极健身院同人欢宴董虎岭摄影

一九五五年雪兰莪精武体育会欢迎董英杰先生大会同人合影

一九五六年泰国英杰太极拳同门欢迎董虎岭先生合影

一九五七年十月初八日董老师寿辰与香港英杰太极拳同人合照

澳门英杰太极拳社同学会开幕纪念（一九五七年十一月二十一日）

新嘉坡九龙堂太极拳健身班开学纪念暨本坡新旧同学合影（一九五八年九月二日）

精氣

英傑

著者手书

董师英杰事略

董师河北任县世家也，祖业农。幼聪颖，惜体弱。童年好读书，兼嗜习武事。请于祖父，许之。适其世好刘瀛州先生在座。刘为老拳术家，曾与广府太极拳名师杨老振先生为盟友，深知太极为最高之拳术。祖命拜刘氏学习，刘问志。答曰："愿学天下最好之武术，健身自卫，他日功成必发扬国术之光。"刘羡其志，随先授一个"揽切衣"。时刘氏已年逾古稀，只可耳提口授。经数月请老振先生之弟子李增魁，授完全套太极架子（即十三式）。越年，刘氏携吾师往会宁村访李香远先生，李府石屋高耸宅壮如城。李迎刘于门外，见李年少儒雅，彬彬有礼。至宅坐谈，未久，刘命跪呈帖拜师。李师随命演拳一看，后又授以用法。使一中指用内劲微按肌肤，痛入骨髓。吾师神其技，知为隐居高人。遂留居苦练经年，技大进。李嘉之，命归家乡自练，约期造府传授。及抵家园，体魄魁梧，不复当年荏弱矣。

自是辟室自居，文武兼修，广纳豪杰。每有访者，必留居之。日必酒肉盛待，以武会友而求博学。未几，好学慷慨之名不胫而走。身怀绝技者亦远道而来，面授精奥。吾师独爱太极拳，慕北平杨氏名，又别乡井再求深造。抵平时，友好每谓杨氏功夫代不外传，请毋徒劳。吾师曰："惟志诚能感天地。昔武侠剑侠皆义气待师，忠实感情而得传，已有前例。厚待师传得真传殊非难事也，拳如不外传何以得自陈家沟？依法求学得到而后已。”乃踵门拜杨师澄甫先生为师，求学不倦。迨杨太老师南来携吾师同行，随侍晨昏三年，功臻轻巧矣。时有机缘得游南京、上海、杭州、苏州各处名胜，游山玩水，藉以会友。寓苏州时，前师李香远先生来苏。吾师狂喜叩拜，李曰：“知汝好学，随杨师足迹遍大江南北。今以师徒之份特来访，知汝功夫尚未到家。南方有功夫之拳术家甚多，恐汝吃亏，于师傅名誉不雅。今再传汝内劲功夫，嘱要悟、要练、自成，庶可放心矣。”李师住苏州年余始北行。二十年前，杨师应广州之聘，吾师随太老师南来，又得恭侍左右。时已随杨师十年，到至诚感应，杨氏家学亦已得之矣。嗣后，与师弟杨守中共承衣钵，留粤宣传太极拳术，以继师志。十余载于兹，桃李芬芳，遍布国内外。粤港陷落隐居澳门时，颇爱书画。日以品茗著述自遣，不问世事。其品格清高，殊堪敬佩。而偶一兴至，必演其身手，以示众徒。动如游龙，静似山岳，具轻灵沉静之巧。及试其运劲各种妙法，或轻舒猿臂，发人于丈外；或蓄劲含胸，化巨力如击絮。虚虚实实，神乎其技。设非身历其境或个中健者，似未敢置信。夫子之道诚高深莫测也。吾师尝言得杨师口授，得李师指点，不敢自当成功，但知真太极拳门径耳。

弟子　李琪佳

按：《事略》所述董先生学拳经历甚详，太极拳学得自李增魁、李香远、杨澄甫之传。其间所述文字，同样未见某氏或某派太极拳之说。再次证明，彼时太极拳尚无家族宗派观念。

太极拳系统表

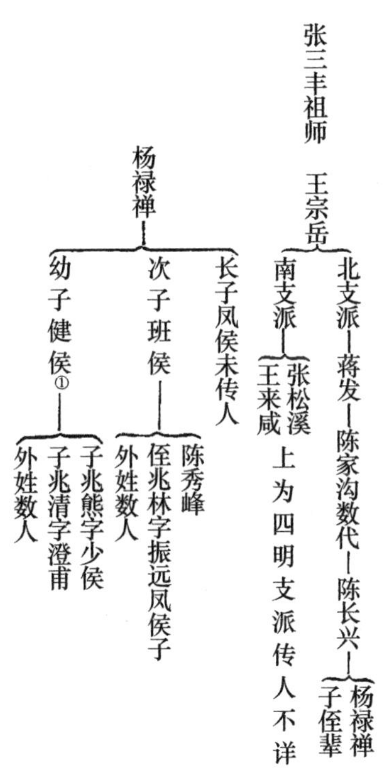

英杰受业于杨老师澄甫。吾师所传弟子遍于海内，人才杰出者，何止千人，实难一一备录，尚希诸位师兄见谅。余在上海、广州、港、澳各地，所授亦在数千以上，亦不及一一备录，希诸友见谅为祷。

注 释

① 建侯：应写作“健侯”（1839—1917 年），杨禄禅之子。

按：该表中“侄兆林，字振远，凤侯子”的记载十分珍贵。因为，多处文献记述：杨凤侯早亡，无嗣。而此处关于凤侯之子记载，绝非董先生杜撰，肯定出自其师澄甫公之口。如此，便使得河北邢台一脉传自凤侯之子杨老振（即杨振远）的太极拳有了可靠依据。

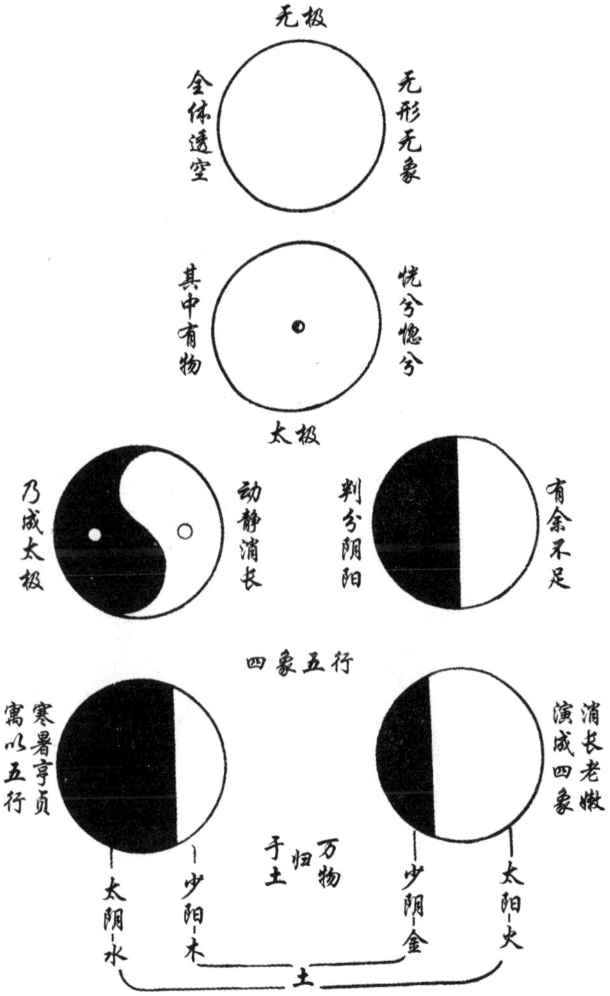

无极

全体透空

无形无象

其中有物

恍兮惚兮

太极

乃成太极

动静消长

判分阴阳

有余不足

四象五行

寒暑亨贞
寓以五行

消长老嫩
演成四象

太阴水

少阳木

万物归于土

少阴金

太阳火

土

八卦图

四正四隅图

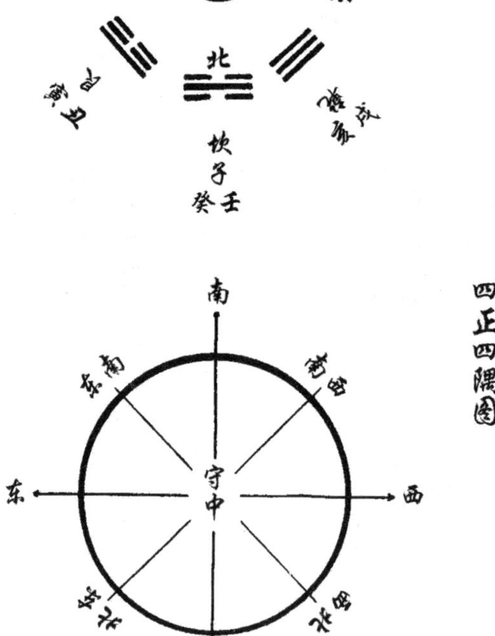

凡例

（一）本书所列无极太极八卦五行诸图，乃先贤解释学理之用。其意由无形无象判分阴阳，再由阴阳动静分成四象，四象之老嫩演成五行，山川日月上下六合而成八卦。学太极拳者，乃由八卦五行练起，至无形无象而大成。故读者以符号目之可也，不必泥而究之。

（二）本书太极拳架子图共二五八幅，各有名称，各有解释。解释不厌求详，故不求文字之茂丽。

（三）架子图所以示范后学，用代原人。故必须力求迫肖，勿失其真。例如古字古画，差一分一厘即神彩尽失，毫无价值矣。若架子图只用摹仿之绘图画像，必难得真确。非但不易遵循，更恐以讹传讹，贻误于人。故著者特不惜工资，制成精美图片，庶使能显现原人姿态神情。学者按图索骥，自易明白领悟，进步加速。

（四）是书乃发扬国粹，不湮真传。故将心得全部刊出，辞不模棱，文不掩饰，公开作科学上之研究。

（五）昔人授拳，仅授口诀，极少形之于笔墨。现将先贤遗留歌诀，全部刊出。其不详者，再于《经验谈》中补述之。

（六）《经验谈》二十则，乃平素经验之谈。谚云：“欲知山下路，要问过来人。”读者细心体会，勿以等闲目之。

（七）前人所传口诀，仅“轻灵松软，外柔内刚”八字而已。学者以此八字对核原文，自可领悟。

（八）外界有云：“杨氏太极拳，有大、中、小三套架子。”实则仅此一套。练熟之后，由熟而化。或高或低，或快或慢，随心所欲。编者于四十年前，见凤侯先生之子兆林先生之拳，系杨班侯先生亲授，乃系紧凑之架子，打来不快不慢。澄甫先生系宽大柔绵而缓。少侯先生则紧凑而速。余乃集三位先生之意，收敛而不速不迟。此乃成功之后，随心所变者也。倘初习者，仍以澄甫先生之架子为根基。希读者勿疑架子为三套也。

（九）有云：“太极拳功劲，有一部分失传。”此系欺人之谈。倘尽心研究，必可得全体大用之一步，惟须有“动恒”两字。

（十）练拳为基本，如学字先写九宫格也。练成之后，正、草、隶、篆，随心所欲。至各种兵器，亦然如此。拳成之后，无论何种兵器，均可得心应手。其原理即将手接长一部分而已。学者以此揣摩，即可领会。

按：《凡例》中有一段评价杨兆林、杨少侯、杨澄甫拳势运行异同之文字，十分重要。因为，近些年，太极拳界陆续出现了据称得自杨禄禅、杨班侯（1837—1892 年）、杨少侯真传之拳艺，与传统杨式太极拳套路、练法、理法颇有异处。而董先生所述可作为判别真假“杨传太极拳”之重要依据，他写道：“外界有云：‘杨氏太极拳（注者按：非指太极拳一个流派，而言杨氏祖孙三代传授之太极拳术），有大、中、小三套架子。’实则仅此一套。练熟之后，由熟而化。或高或低，或快或慢，随心所欲。”“凤侯先生之子兆林先生之拳，系杨班侯先生亲授，乃系紧凑之架子，打来不快不慢。澄甫先生系宽大柔绵而缓。少侯先生紧凑而速。”董先生之言，足可证“一套架子，三种风格”这段史实。

太极拳源流论

太极拳之名，始于何时，稽诸史实，未有确论。相传始祖系宋时张三丰，因偶观雀蛇相斗，悟刚柔之理，按太极阴阳变化，创为太极拳，其详见上《张三丰祖师观雀蛇斗智图》[①]小记。而宋氏家传太极功源流支派论，则称唐代许宣平已有太极功。虽不称“拳”而称功，然所载三十七式，与杨家所传者，名称大致相同。想太极拳由来已久，至张三丰而集其大成，至王宗岳而发扬光大。其传流派系，卷首序文已详及。太极拳系统表更列而明之，毋庸赘述。考昔之言武技者，多守秘自珍，不妄传人。有之亦多出于口授，鲜有形诸笔墨。纵有秘笈，亦不易流传于外。欲引证考据，殊非易易。然张三丰之于太极拳，犹孔子之于儒家，学者宗之。乃尊师重道之义，千百年来，奉敬不渝，后学更无置疑之必要。下文宋氏所记，聊供参考云耳。

注释

①《张三丰祖师观雀蛇斗智图》：前文题为《武当山祖师观雀蛇斗智图》，当指同一篇文章。

宋氏太极拳源流支派论

宋远桥记

所谓后代学者不失其本也，自余而上溯，始得太极之功者，授自唐代于欢子许宣平，至余十四代，有断亦有继者。许先师系江南安徽州府歙县人，隐城阳山，即本府城南紫阳山，结茅南阳辟谷。身长七尺六寸，髯长至脐，发长至足。行及奔马，每负薪入市贩卖。独吟曰："负薪朝出卖，沽酒日夕归。借问家何处，穿云入翠微。"李白访之不遇，题诗仙桥而回。所传太极功之拳名卅七，因三十七式而名之。又名长拳者，所云滔滔无间也。总名太极拳三十七式，名目书之于后。

四正四隅	云手	弯弓射雁	挥琵琶	进搬栏
簸箕式	凤凰展翅	雀起尾	单鞭	上提手
倒撵猴头	搂膝拗步	肘下捶	转身蹬脚	上步栽捶
斜飞式	双鞭	翻身搬栏	玉女穿梭	七星八步
高探马	单摆莲	上跨虎	九宫步	揽雀尾
山通背	海底珍珠	弹指摆莲	转身指点捶	双摆莲
金鸡独立	泰山生气	野马分鬃	如封似闭	左右分脚
挂树踢脚	推捱	二起脚	抱虎归山	十字摆莲

此通共四十三手，"四正四隅、九宫步、七星八步、单鞭、双鞭、

双摆莲”在外。因自己多坐用功夫，其余三十七数，是先师所传也。此势应一势练成，再练一势，万不可心急齐用三十七势。亦无论何势先，何势后，只要一上，将势用成，自然三十七势，皆化为相继不断也，故谓之长拳。脚踩五行，怀藏八卦。脚之所在，为中央之土。八门五步，以中央为准。俞氏太极功，名曰“先天拳”，亦曰“长拳”，得唐李道子所传。李道子系江南安庆人，至明时尝居武当山南岩观。不食烟火，第啖麦麸，故人称之曰“麸子李”，又称“夫子李”。见人不语他，惟曰“大造化”三字。然既云夫子李系唐时人，何以知明时之夫子李即是唐代之夫子李？缘予游江南泾县，访俞家，方知俞家先天拳，亦如予之三十七式，太极之别名也。俞家太极功，系唐时李道子所传。俞氏代代相承，每岁必拜李道子之庐。至宋时尚在也，越代不知李道子所在。嗣后予偕俞莲舟游湖府襄阳广均州武当山，见一道人蓬头垢面，呼俞莲舟曰：“徒再孙焉往？”俞莲舟怒曰：“汝系何人，无礼如此，我观汝一掌必死。”道人曰：“徒再孙，且看汝出手。”莲舟怒极，进步连捌带捶，但未近身，道人飞起十余丈，平空落下，屹立无损。莲舟谓道人曰：“汝总用过功夫，不然能敌我者鲜矣。”道人曰：“汝与俞清慧、俞一诚相识否？”莲舟悚然曰：“此皆予上祖之名也。”急跪曰：“原来是我之祖师。”李道子曰：“我在此数十寒暑，未曾开口。汝今遇我诚大造化哉，汝来吾再以功夫授汝。”自此莲舟不但无敌，并得全体大用矣。莲舟与余常与张松溪、张翠山、殷利亨、莫谷声相往还，后余七人再往武当山拜李祖师未遇。于太和山玉虚宫见玉虚子张三丰。三丰盖张松溪、张翠山师也，洪武初即在此山修炼，余七人在山拜求请益者月余而归。松溪、翠山拳名十三式，亦太极功之别名也。李道子所传莲舟口诀曰：

无形无象，全体透空。应物自然，西山悬磬。

虎吼猿鸣，水清河静。翻江播海，尽性立命。

按：民国时期，类如宋氏源流论者不乏其说，这些说法多被学术界否定。太极拳史论家徐震先生在《太极拳考信录》中言："自顷以来，太极拳大行于南北，述其史实者，颇多异说，尤以源于张三峰之说为盛。复又谓出于六朝之韩拱月，唐之许宣平、李道子，及明之殷利亨者。出于韩、许、李、殷之说，羌无故实，其为伪托，不待深辨。其源于张三峰之说，唐豪亦已辨明其非矣（唐氏说见《少林武当考》《王宗岳太极拳经》中）。"然宋氏之论，对于研究太极拳诸派源流纷争有"聊供参考"之处。

王宗岳太极拳论

太极者，无极而生，阴阳之母也。动之则分，静之则合。无过不及，随曲就伸。人刚我柔谓之走，我顺人背谓之黏。动急则急应，动缓则缓随。虽变化万端，而理为一贯。由着熟而渐悟懂劲，由懂劲而接及神明。然非用力之久，不能豁然贯通焉。虚灵顶劲，气沉丹田。不偏不倚，忽隐忽现。左重则左虚，右重则右杳。仰之则弥高，俯之则弥深；进之则愈长，退之则愈促。一羽不能加，蝇虫不能落。人不知我，我独知人。英雄所向无敌，盖由此而致也。斯技旁门甚多，虽势有区别，概不外乎壮欺弱、慢让快耳。有力打无力，手慢让手快，是皆先天自然之能，非关学力而有也。察四两能拨千斤，显非力胜；观耄耋能御众人，快何能为？立如平准，活如车轮，偏沉则随，双重则滞。每见数年纯功，不能运化者，双重之病未悟耳。欲避此病，须知阴阳。黏即是走，走即是黏。阳不离阴，阴不离阳。阴阳相济，方为懂劲。懂劲后，愈练愈精。默识揣摩，渐至从心所欲。本是舍己从人，多误舍近求远。所谓“差之毫厘，谬之千里”，学者不可不详辨焉。是为论。

按：《王宗岳太极拳论》，原标题名《山右王宗岳太极拳论》，最早见于“老三本”。何为“老三本”？光绪辛巳年（1881年），河北广府人李亦畬（1832—1892年）手书完成三本太极拳谱。一本自存，习称“自藏本”；一本交胞弟启轩（1835—1899年），习称“启轩本”；一本交门人郝和（字为真，1849—1920年），习称“郝和本”。合而言之，史称“老三本”。这是迄今为止武术史上发现的最早太极拳谱，被各派太极拳传人奉为经典论著。目前，“启轩本”佚失，其他两本尚存。而“自藏本”于2014年9月，被中央电视台《寻宝》栏目“走进广府太极城”评为“民间国宝”。三本拳谱，内容大致相同。现仅将董先生《王宗岳太极拳论》与“自藏本”“郝和本”不同之处，列表于下，供读者参考。

自藏本	郝和本	董英杰本
无过不及，随屈就伸	同“自藏本”	无过不及，随曲就伸
我顺人背谓之粘	同“自藏本”	我顺之背谓之黏
虽变化万端，而理唯一贯	同“自藏本”	虽变化万端，而理为一贯
由懂劲而阶及神明	同“自藏本”	由懂劲而接及神明
然非用功之久	然非用力之久	同“郝和本”
虚领顶劲	同“自藏本”	虚灵顶劲
盖皆由此而及也	同“自藏本”	盖由此而致也
察四两拨千斤之句	同“自藏本”	察四两能拨千斤
观耄耋御众之形	同“自藏本”	观耄耋能御众人
立如秤准，活似车轮	立如枰准，活似车轮	立如平准，活如车轮
粘即是走，走即是粘	同“自藏本”	黏即是走，走即是黏
差之毫厘，谬以千里	同“自藏本”	差之毫厘，谬之千里

王宗岳太极拳论详解

太极者，无极而生，阴阳之母也。

【解】不动为无极，已动为太极。无极生太极，太极分阴阳，由阴阳演为变化万象也。

按：宋代理学创始人周子周敦颐（1017—1073年，字茂叔）在《太极图说》中写道："无极而太极，太极动而生阳，动极而静，静而生阴，静极复动。一动一静，互为其根。分阴分阳，两仪立焉……阴阳—太极也……立地之道，曰柔曰刚……"《王宗岳太极拳论》正是借用周子之说而论述拳理，故得名"太极拳"。该论无浮言虚词，起笔切题，简洁明了。

动之则分，静之则合。

【解】凡练太极，心意一动则分发四肢。太极生两仪、四象、八卦、九宫。即掤、擺、挤、按、採、挒、肘、靠、中定也。静则反本还元，复归无极，心神合一。满身空空洞洞，稍有接触即能知觉。

无过不及，随曲就伸。

【解】不论练拳对敌，毋过毋不及，过与不及皆失重心点。如敌来攻我顺化为曲，曲者湾[1]也。如敌来攻不逞欲退，我随彼退时就伸，伸者出手发劲也。过有顶之弊，不及有丢之弊。不能随曲谓之抗，不能就伸谓之离。谨记：丢、顶、抗、离四病而去之。功到不即不离，方能随手凑巧，运用自如。

注释

① 湾：同“弯”，后同。

按：太极拳讲究“无过不及”，如何做到这一点呢？所谓粘连黏随、不丢不顶是也。如糨糊粘物，糨糊使两物相连谓之“粘”，糨糊使两物附着在一起不脱离称为“黏”。人力而至，我力如糨糊一般与之相粘相连、相黏相随，所谓“粘连黏随”是也。粘连，即我力与彼力相合而不丢；黏随，我力与彼力不顶抗而“随曲就伸”。故曰“不丢不顶”。

人刚我柔谓之走，我顺人背谓之黏。

【解】与人对敌，如对方出力刚直，则我用柔软之手搭上。如皮鞭鞭物，紧紧缠搭在彼劲上，能放能长，对方纵欲摔开甚难。譬如彼出大力，我随粘其手腕往后坐身。但手仍紧搭不离，往怀收转半个圈谓之走。走为化，以化其力。向其左方伸手使敌身侧不得力，则我为顺，人为背，黏之使不能走脱也。

按：此解中，董先生用“如皮鞭鞭物”来比喻“柔”的技术，可谓妙极！接着，用“搭在彼劲上”“粘其手腕”“往后坐身”“紧搭不离”“往怀收转”等一连串动作来细致描述“走”“黏”的方法与过程，可谓惟妙惟肖。

动急则急应，动缓则缓随。

【解】今者习拳同志多知柔化，不知急应之法，不易与外功对敌。如敌来势缓则柔化跟随，此理甚明显。如敌来势急则柔化焉能应付哉？须用太极截劲之法，不后不先之理以应之。何谓截劲？如行兵埋伏突出截击也。何谓不后不先？于敌手已发未到之际，我手于敌膊未直时截入，一发则去。此为“迎头痛击法”。然欲能动急则急应者，非得真传不可。

按：急则急应，是太极拳最难上身的功夫，对手将发未发之际，极难捕获，这是获得太极拳“迎头痛击法”的难点。既便有真传，还须真练，恒心、悟性，缺一不可。

虽变化万端，而理为一贯。

【解】与人对敌，推手或散手，无论何着法，有大圈、小圈、半个圈之巧，有阴阳之奥妙，有步法之虚实，有太极阴阳鱼不丢顶之理，循环不息。变化虽有千万，太极之理则一也。

由着熟而渐悟懂劲，由懂劲而接及神明。

【解】着者，拳式也。先学姿势正确，次要熟练，方能懂劲。今之练拳者专谈懂劲，忽视练拳功夫，舍本逐末，安能懂劲，更何能有发人之劲？古语云：方寸之木，可使高于岑楼。故欲接及神明，必先求懂劲。欲求懂劲，必先求着熟。功夫由下而上，由低而高，不能僭越也。

按：着熟、懂劲、神明，太极拳修炼之三阶段或三境界。着熟，熟悉每一势法之攻防含义，熟练运用，了然于心。熟能生巧，渐至懂劲。懂劲，懂得控制对手劲力，防患于未然。于彼力将发未发之际，便为我所控制、利用，即“以劲制人”也。神明境界，则浑身上下皆如有手，说有即有，说无即无，从心所欲，随手发放。然，罕有人达此地步。孙禄堂曾云：“拳术之道，练要合道。……太极拳中之杨禄禅和武禹襄……有不见不闻之知觉。”

然非用力之久，不能豁然贯通焉。

【解】拳愈练愈精，功夫既到，则如水到渠成，一旦豁然贯通。然非久练久熟，只尚空谈，不能达此境也。

虚灵顶劲，气沉丹田。

【解】顶者头顶也，此处道家称为“泥丸宫”，素呼“天门”。顶劲非用力往上顶，乃空虚而头容正直，精神上提，但不可气贯于顶。练久眼目光明，无头痛之病。丹田在脐下寸余，即小腹处，一身元气总聚于此。气归丹田，以意行之，通流四肢。气不能沉于丹田，则滞塞于一处，不能分运于四肢也。

按：虚灵顶劲，“老三本”中写作“虚领顶劲”，用词更加贴切。如此，则更易把握。头顶百会穴如有线上提，则头容正直，似衣架挂衣，则四体自然垂顺。气沉丹田，非如气功之练习法，有意导气至腹部似鼓，而应如郝月如先生（1877—1935 年，郝为真之次子）所言：“能做到尾闾正中、涵胸、护肫、松肩、吊裆，就能以意送气，达于腹部，不使上浮，谓之气沉丹田。”

不偏不倚，忽隐忽现。

【解】不偏者守中土也。不论偏向何方，即易失重心。偏前则易拉倒，编后则易推倒。偏左偏右，其弊相同。不倚者亦守中土也，例如用手按人。对方突然缩后或闪避，己身即踣踉前仆，失去重心，予人以可乘之机，此倚之弊也。《行功论》云："立身须中正安舒，支撑八面。"即不偏不倚之意。隐者藏也，现者露也。设敌向我身击来，我身收束为隐，使敌不能施其力。如敌手往后回抽时，我随之跟进为现。敌不知我式之高低上下，无法挡御我手。例如河中小艇，人步践其上，必略低沉为隐，又裹步必随起为现。又犹龙之变化，能升能降。降则隐而藏形，现则飞升太虚兴云布雾。此理言太极能高能低，忽隐忽现，有神机莫测之妙。

按：人登小船，践其上略沉为"隐"，随起而"现"。董先生善用比喻如斯，将凝炼的拳理生动形象地呈现于读者面前，妙极！

左重则左虚，右重则右杳。

【解】重者不动也。试思与人对敌而不动可乎？用拳必须身体活动，手脚敏捷，方能应敌。敌如击我左方，我身略偏虚使彼不能逞。如击我右方，我右肩往后收缩，使其拳来无所着。我体灵活，不可捉摸，即左重左虚，右重右杳也。

仰之则弥高，俯之则弥深。

【解】仰为上，俯为下。敌欲高攻，我即因而高之，使不可及；敌欲压我下，我即因而降之，使敌失其重心。此守法也。设自己主动进攻，仰之弥高则眼上看，心想将敌人掷上屋顶；俯之弥深，则心想将敌人打入地内。昔班侯老师夏日在村外场（场，即北方收粮场地）内乘凉，突来一人。拱手问班侯老师居处，答曰："吾即杨某也。"其人突出大食中三指袭击，老师见场内有草房高七八尺，招手曰："朋友请上去。”遂将其人击上屋顶，又曰：“请速下回家觅医。”其人狼狈遁去。乡人问：“何能击之使上?”曰：“仰之弥高也。”有洛万子曾从班侯老师习技数年，欲试师技。班侯老师曰：“将汝掷出元宝形好否?”万笑曰：“且试之。”及较手，果如所言。万手脚朝天，右胯着地如元宝形，将胯摔脱矣，医疗数月方愈。万功夫甚好，至今尚健在，常曰：“俯之弥深，厉害极矣!”

按：文中所述“洛万子”被打成元宝形，此人在班侯弟子中不见记载，疑为李万成（1864—1947年）。李为班侯贴身仆从、弟子，后在广府南关杨家门前开茶馆，名“杨家茶馆”。广府口传故事中，李万成有过被其师打成元宝形的类似说法。董先生言“洛万子”，可能是因口传方言之故而误记。

进之则愈长，退之则愈促。

【解】向敌进攻或追击时，我进身跟步，步步逼之，使不能逃脱，故我手能愈进而愈长也；如不跟步，则手短不能及矣。退让敌人时，或虚身以化之，或退步以避之。随机应变，以其力不能及为度，故我能退而愈促也。总言之，即粘连黏随之妙，去丢顶离抗之病也。

一羽不能加，蝇虫不能落。

【解】练功既久，感觉灵敏。稍有接触，即能感觉而应之。一羽毛之轻，我亦不驮。蝇虫之小，亦不能落我身。蝇虫附我身，如着落琉璃瓶，光滑不能立足。盖我以微妙之化力将蝇虫足分蹉也，能如此则太极之功成矣。昔班侯老师于夏日行功时，常卧树荫下休息。偶或风吹叶落其身上，随落随脱滑落地，不能停留。又常试己功，解襟仰卧榻上，捻金米（即小米）少许置脐上。但呼一声，小米犹弹弓射弹丸，飞射屋顶瓦面。班侯老师之功诚不可及，同志宜勉之。

人不知我，我独知人。英雄所向无敌，盖由此而致也。

【解】与人对敌，不用固定方式。如诸葛用兵，或攻或守，敌莫能预测。谚云“不知我葫芦卖什么药”，此“人不知我”也。自己能懂劲，则感觉灵敏。敌手稍动，我即知觉，随手凑巧应之。如非近身搭手，亦可离远审察敌之意图，此“我独知人”也。兵法云：知己知彼，百战百胜。英雄所向无敌，盖由此而致也。

斯技旁门甚多，虽势有区别，概不外乎壮欺弱、慢让快耳。有力打无力，手慢让手快，是皆先天自然之能，非关学力而有也。

【解】拳术种类甚多，各门姿式不同，注重力大手快以取胜则一。然此只应用天赋之本能，与所学之技艺无关也。太极之理，则精微巧妙，非徒恃力大手快取胜，异于凡技也。

察四两能拨千斤，显非力胜；

【解】太极功深，有引进落空之妙，千斤无所施用，所谓“四两拨千斤也”。昔京西有富翁，庄宅如城，人称小府张宅。其人好武，家有镖师三十余人。慕广平府杨禄禅之名，托友武禄青[1]往聘。及至，张见杨太师身躯瘦小，衣服朴素，貌不惊人，心轻之。因执礼不恭，设讌[2]亦不丰。杨太师知其意，遂自酌自饮，略不旁顾。张不悦曰：“常闻武兄言先生盛名，但不知太极果能打人乎?”杨太师曰：“有三种人不可打。”张问：“为何三种?”答曰：“铜铸者、铁打者、木作者，此外无足论。”张曰：“敝舍镖师三十余人，为首者刘教师，力能举五百斤，与戏可乎?”答曰：“无妨。”及起试，刘发式猛如虎，拳风有声。临近，杨太师以右手引其落空，以左手轻拍之，刘跌出三丈外。张抚掌笑曰：“真神技也!”遂使厨人从新[3]换满汉盛讌，敬奉如师。刘虽力大如牛而不能胜，盖无巧也，由此可知显非力胜矣。

注 释

① 武禄青：应写作“武汝清”（1803—1887 年），武禹襄仲兄，官至刑部四川司员外郎。

② 讌：音 yàn，同“宴”。

③ 从新：当为“重新”。

观耄耋能御众人，快何能为?

【解】七八十岁为耄耋[1]，耄耋能御众人，指练拳者言。不练拳，虽在壮年，欲敌一二人难矣。战定军山之老黄忠言：“人老马不老，马老刀不老。”其言甚壮。练太极者，筋骨内壮，血气充足，功夫至老不脱。人老而精神不老，故能御众人也。昔建侯老师与八九人较，众一拥而前围攻之。但见老师数个转身，众人俱已跌出。有八九尺者，亦有远至丈余者。老师时年近八十，耄耋御众，非妄言也。“快”何能为之快字? 指无着数之快。此忙乱耳，非真快也，焉能应用。快而不失法度为真快，斯可应用矣。

注 释

① 七八十岁为耄耋：“耄”指八九十岁，“耋”指七八十岁。

按：董先生善用前人比手轶事辅解拳理，比如该处杨健侯耄耋御众，以及上文“杨禄禅三不打”“杨班侯打人元宝形”“脐射小米”等，直观、生动而形象。

立如平准，活似车轮。

【解】立如平准，即立身中正，支撑四方八面，不偏不倚也。活似车轮，言气循环不息，环行全身，不消迟滞，如车轮之转动也。

偏沉则随，双重则滞。

【解】何谓偏沉？前说车轮之譬，犹用一脚偏踏车轮，自然随之而下。何谓双重？犹右脚踏上右方，左脚踏上左方，两方力量均衡，则滞而不能转动。其理甚明。

每见数年纯功，不能运化者，双重之病未悟耳。

【解】尝有数人练太极拳，勤习不懈。用功五六年，与人较，则平日所学，全不能运用，不能制敌。有旁观者曰：“汝用功五六年，可谓纯功矣，何以不能胜?”请演十三式观之，见其练法怒目切齿，奋力如牛，筋络尽露。旁观者笑曰：“此为双重练法，尊驾未悟双重之病耳。”另一人曰：“我不用力练五六年，为何连十岁顽童亦不能打倒?”又请演十三式观之，见其练法毫不着力，如风摆杨柳，飘摇浮荡。旁观者笑曰：“此为双浮练法，尊驾为双浮误矣。”双重为病，双浮亦为病也。

欲避此病，须知阴阳。

【解】欲避双重双浮之病，须明阴阳之理，阴阳即虚实也。

黏即是走，走即是黏。阳不离阴，阴不离阳。阴阳相济，方为懂劲。

【解】总言之：黏连走化，懂敌人之劲也。前解甚多，不再赘述。

按：哲学中的“阴阳”，体现于太极拳艺中则称为“虚实”。对此，郝少如阐释最为精彩，他指出：“太极拳艺的奥妙就在于：无论势法怎样变化，自己阴的方面始终不暴露给对方，使对方只能接触我的阳方，而得不到我的阴方，这恰如日光向背的道理一样，阴面始终不会被日光所照到。阴阳体现在内劲的涵义上，又称为‘虚实’。阴便是实，实即是阴；阳便是虚，虚即是阳。要使对方始终只能接触我之虚，而得不到我之实。以虚实体现太极拳艺的奥妙，能使‘人不知我，我独知人’达到‘人为我制，我不为人制’的妙境。太极拳运用阴阳的无穷变化作为制人的方法，使拳艺奥妙无穷。不知阴阳，便不知太极。”

懂劲后，愈练愈精。默识揣摩，渐至从心所欲。

【解】能懂敌之来劲后，不断练习，即久练久熟，愈练愈精。常默识老师所授用法，揣摩其身手动作。极熟后，则意到手到，心手合一，渐至从心所欲矣。

本是舍己从人，多误舍近求远。

【解】与敌对手，要随人所动，不可自动。吾师澄甫先生常言：“由己则滞，从人则活。”能从人便得落空之妙，由己反不能由己，能从人便能由己。理虽奥妙而确切，惟功夫未到，则不易领略其意耳。常人与敌对手，多不用近而用远。须知以静待动，机到即发为近。出手慌忙，上下寻机击敌为远。此多误舍近而求远也。

所谓“差之毫厘，谬之千里”，学者不可不详辨焉。是为论。

【解】太极拳精微巧妙，分寸毫厘，不可差也。如差毫厘，等隔千里，不能应用矣。学者于此，不可不注意焉。

按：该论以“太极”入笔而论拳理，以“阴阳相济”而收尾。借鉴儒家经典语录如“无过不及”“不偏不倚”“从心所欲”“人刚我柔”“阴阳相济”等词汇，始终围绕儒家学说展开，可谓“理唯一贯”。该论将中庸思想与拳术拳理融为一体，被视为太极拳开山之作。

王宗岳行功论

以心行气，务令沉着，乃能收敛入骨；以气运身，务令顺遂，乃能便利从心。精神能提得起，则无迟重之虞，所谓顶头悬也；意气须换得灵，乃有圆活之趣，所谓变化虚实也。发劲须沉着松净，专注一方；立身须中正安舒，支撑八面。行气如九曲珠，无微不到；运劲如百炼钢，无坚不摧。形如搏兔之鹘，神如捕鼠之猫。静如山岳，动若江河。蓄劲如张弓，发劲如放箭。曲中求直，蓄而后发。力由脊发，步随身换。收即是放，断而复连。往复须有折叠，进退须有转换。极柔软然后极坚刚，能呼吸然后能灵活。气以直养而无害，劲以曲蓄而有余。心为令，气为旗，腰为纛。先求开展，后求紧凑，乃可臻于缜密矣。

又曰：彼不动，己不动；彼微动，己先动。劲似松非松，将展未展，劲断意不断。

又曰：先在心，后在身。腹松静，气敛入骨，神舒体静。刻刻在心，切记：一动无有不动，一静无有不静。牵动往来，气贴背，敛入脊骨。内固精神，外示安逸。迈步如猫行，运劲如抽丝。全身意在蓄神不在气，在气则滞。有气者无力，无气者纯刚。气如车轮，腰若车轴。

按：署名“王宗岳”的拳论，在“老三本”中只有一篇，即《山右王宗岳太极拳论》。该篇《王宗岳行功论》，实为武禹襄名篇《打手要言》中一些语句的再“编创”，有些句子与原文出入较大。董公之所以如此，非他之错，因为他未曾见过“老三本”。概通过诸位授业老师得到非完整版的武禹襄拳论，而且不知何人所作，便“武冠王戴”为《王宗岳行功论》。现将《打手要言》中与此相对应之句子，重新凑成此文，其中区别，一目了然。

“‘以心行气，务沉着’，乃能收敛入骨，所谓‘命意源头在腰隙’也。以气运身，务顺遂，乃能便利从心，所谓‘屈伸开合听自由’也。精神提得起，则无迟重之虞，所谓‘腹内松静气腾然’也。意气须换得灵，乃有圆活之趣，所谓‘变转虚实须留意’也。发劲须沉着松静，专注一方，所谓‘静中触动动犹静’也。立身中正安舒，支撑八面，行气如九曲珠无微不到，所谓‘气遍身躯不稍痴’也。（行气如九曲珠，无微不到）运劲如百炼钢，何坚不摧。形如抟（注者按：原文繁体字写作‘摶’，极易与‘搏’相混淆）兔之鹘，神如捕鼠之猫。静如山岳，动若江河。蓄劲如张弓，发劲如放箭。曲中求直，蓄而后发。机由己发，力以人借。收即是放，连而不断。往复须有折叠，进退须有转换，所谓‘因敌变化是神奇’也。极柔软，然后能极坚刚；能粘依，然后能灵活。气以直养而无害，劲以曲蓄而有余。心为令，气为旗。（神为主帅，身为驱使，刻刻留意，方有所得）

“又曰：彼不动，己不动；彼微动，己先动。似松非松，将展未展，劲断意不断。

“又曰：先在心，后在身。腹松，气敛入骨，神舒体静，刻刻存心。切记：一动无有不动，一静无有不静。动牵往来气贴背，敛入脊骨（要静）。内固精神，外示安逸。迈步如猫行，运劲如抽丝。全身意在蓄神，不在气，在气则滞。有气者，无力；有气者，纯刚。气如车轮，腰如车轴。”

以心行气，务令沉着，乃能收敛入骨。

【解】平时用功，练十三势时，用心使气。缓缓流行于骨肉内外之间，意为向导气随行。练拳姿势要沉舒，心意要贵静。心不静不能沉着，不能沉着则气不收入骨，即是外劲非内劲矣。练太极拳须能收敛入骨，此真正太极劲也。

以气运身，务令顺遂，乃能便利从心。

【解】欲使气浑身流通，必须将十三势校正无错。姿势上下顺遂，劲不逆扭，方能使气流通。如姿势顺遂，手脚运用从心所欲矣。

精神能提得起，则无迟重之虞，所谓顶头悬也。

【解】精神为一身之主。不但练拳，无论作何事，有精神则迅速，无之则迟慢，故谈拳必以提起精神为先。欲要提起精神，须头容正直顶劲，泥丸宫虚灵劲上升。此法悟通，即提起精神之法也。

意气须换得灵，乃有圆活之趣，所谓变化虚实也。

【解】意气即骨肉内流动物也。至于练拳打手，欲得莫可名状之佳趣，须使此种流动物流行全身。意左即左，意右则右，斯为太极有虚实之变化。意气之换法，犹如半瓶水。左侧则左荡，右侧则右荡。能如是，不但得圆活之趣，更有手舞足蹈之乐。至此境地，纵有人阻我练拳，恐欲罢不能也。

发劲须沉着松净，专注一方。

【解】与人敌，先将对方治住。窥其易失重心之方向，发劲打之。发劲无论出何手，肩肘要沉下，心中要松净。我劲不散，专注一方，敌不难跌出丈外矣。

立身须中正安舒，支撑八面。

【解】头容正直尾闾中正，身即不偏。内心要舒展，以静待动。腰腿如立轴，手膊如卧轮，圆转如意，方能支撑八面。

行气如九曲珠①，无微不到。

【解】九曲珠者，即一个珠内有九曲湾也。人身譬如珠，四体百骸无不湾也。能行气达四肢，无处不到者，功成矣。

注 释

① 九曲珠：何为“九曲珠”？北宋·睦庵善所编《祖庭事苑》中有一则典故，其梗概为：孔子受困陈国，人令孔子线穿九曲珠。九曲珠珠孔细小，且内部曲折如迷宫，圣人也无计可施。后经采桑女指点，线上涂蜜，以蚂蚁引细线而穿过九曲珠。苏轼曾作诗曰：“蚁穿九曲珠，蜂酿蜜千房。”

武禹襄以“行气如九曲珠，无微不到”来比喻习太极拳要以心行气，以气运身，从而求达“气遍身躯不稍痴”。

运劲如百炼钢，无坚不摧。

【解】“运劲如百炼钢”，即内劲，非一朝一夕之功也。须经若干岁月练习，慢慢磨练而成。犹如荒铁一块，慢慢炼成纯钢，用作刀剑则其锋利无比矣。由太极拳练成精细如钢之功，铁人亦能打坏，何况对敌者为血肉之躯乎？故曰“无坚不摧”也。

形如搏兔之鹘①，神如捕鼠之猫。

【解】鹘者，鹰类也，冬猎用之。此言与人对敌，我形式如鹰鹘。见物擒来，眼要注视敌人。一搭手就可将敌擒到，如鹘搏兔之状。猫形肖虎，其捕鼠也，伏身坐后腿以待，全神贯注鼠洞，鼠出则突纵捕之。太极有涵胸拔背之势，如猫捕鼠之神态，蓄机而发也。

注释

① 形如搏兔之鹘：在“老三本”中写作“形如抟（繁体字为‘摶’）兔之鹘”。抟，易误为“搏”，虽一字之别，但意境相差甚远。抟，盘旋。鹘在天空飞翔寻找猎物，发现一只兔子，即盘旋俯冲，一击中的。以此比喻太极拳高手与人打手如鹘之抟兔般轻松自如、游刃有余地随手发放。假如鹘兔相搏，甚显残烈，那种举重若轻，轻松控制对手之态荡然无存。故，“抟”字用得甚妙。

静如山岳，动若江河。

【解】用功日久，腿下有根，站立如山，人力不可动摇也。江河之喻，言各种变化无穷。一手变十手，十手变千百手。滔滔不绝，如长江大河也。

蓄劲如张弓，发劲如放箭。

【解】蓄者藏也，太极劲不在外而藏于内。与敌对手时，内劲如开弓将射之圆满，犹皮球有气充之。敌人伏我膊，虽觉绵软而不能按下，使敌莫明其妙。敌方狐疑不定，不知我弓已引满待发矣。我如弓，敌如箭，发劲神速，敌如箭跌出矣。

曲中求直，蓄而后发。力由脊发，步随身换。收即是放，断而复连。

【解】曲中求直，即随曲就伸之意。蓄而后发，力由脊发，一理也。与神如捕鼠之猫之理同，数语道尽矣。

按：曲中求直，蓄而后发，受古代射箭技艺启发。弓背似弧而曲，射出之箭直线（相对而言）而出，所谓：曲中求直，蓄而后发。我身备五弓（两臂、两腿和躯干曲蓄如弓背，躯干之曲乃以意代形，非弯腰驼背。主要要求胸不可挺，要遵循脊背生理自然弯曲之结构特征），如张弓放箭一般，以“曲”而蓄劲为守势，化解对方进攻势头，为我所用，旋即直击对手失控之时，收到张弓放箭之效。正所谓：蓄劲如张弓，发劲似放箭。

往复须有折叠，进退须有转换。

【解】与人对敌，或来或往，折叠即曲肘湾肱之式。此系近身使用法，离远无用。进退勿泥一式，须有转换，随机而变化也。

极柔软而后极坚刚，能呼吸然后能灵活。

【解】练十三势要用柔法，功成后生出柔中含刚内劲。呼吸者，吸能提得人起，使敌足跟离地。呼则从脊内发出全身之劲，放得人远出。呼吸灵通，身法方能灵活无滞也。

气以直养而无害，劲以曲蓄而有余。

【解】练太极是养气之法，非运气之法也。何谓运气？勉强出力使气，气必聚于一处，不能行于四肢。此法违反自然，易伤内脏。何谓养气？孟子云：“我善养吾浩然之气。”不急不燥，先天气生，静心养性。练拳使精气神合一，行气如九曲珠。纵未获益，亦无害也。与人对敌，勿使膊伸直。须上下相随，步随身换。膊未直而力有余，敌着击即跌出，此即劲以曲蓄而有余也。

心为令，气为旗，腰为纛。

【解】太极之理，犹行军战事，必有令旗指挥驱使，练太极亦然。心为令者，以心行气也。能使气如旗，意之所至气即随之，是即心如令气如旗。腰为纛者，即军中大纛旗也。小旗主动，大旗主静。拳法腰可作车轴之转，不能倒拐大纛旗也。

先求开展，后求紧凑，乃可臻于缜密矣。

【解】开展，大也。初学练拳，先求姿势开大，以松其筋肉，所谓舒筋活血也。能转弱为强，强而后，研究外能筋骨肉合一，内有精气神相聚，谓之“紧凑”。内外兼修，加以动静变化。自开展而及紧凑，由健体而及实用，乃臻缜密之境。如说拳有大练、小练则误矣。

按：董先生文中写道：“如说拳有大练、小练则误矣。”即太极拳无大架、小架之分，当然也无中架或其他架。“开展”与“紧凑”只不过是一套拳架学练时的两个过程、两个阶段而已。此语对今人应有警示作用。

彼不动，己不动；彼微动，己先动。

【解】言与敌搭手，自己不动。精神要注意警戒，待对手欲动之际，我手已动之在先矣。

按：如何做到后发而先至呢？武禹襄有云：“若物将掀起而加以挫之之力，斯其根自断，乃坏之速而无疑。”我不与对手来力发生直接顶抗，而是弧形设防，曲进直出，如杠杆撬物一般挫动对方劲根。故，能后发而先至。

劲似松非松，将展未展，劲断意不断。

【解】太极拳出手，似松实非松，伸出以将直未直为度。练拳宜不断，如一线串成。及乎使用对敌，便无一定之方式。发劲之姿式，外形似断而意未少懈也，犹如莲藕折断而细丝尚连焉。老振师傅[1]尝言：“劲断意不断，藕断丝连。”盖此意也。

注释

① 老振师傅：即杨老振，杨振远。

先在心，后在身。

【解】初学对敌用心之专，恐不能胜。练成之后，毋须有心之变化。身驱[1]受击，自能随机应敌。心中不知而敌已跌出矣，此即为不知手之舞之。初学在心，成功后在身。犹如初学珠算，心先念歌而后手操之。熟用后心虽不歌，而手亦能运用如意也。是先在心后在手，拳理亦然。

注释

①驱：应为“躯”。

腹松静，气敛入骨，神舒体静。

【解】腹虽注意犹松舒，勿鼓劲。气敛入骨，则骨肉沉重。外如棉花，内似钢条。犹棉花裹铁，外柔而内刚。

刻刻在心，切记：一动无有不动，一静无有不静。

【解】刻刻，犹时时也。谨记：一动则全身有尺寸跟随而动，忌全身零碎乱动。犹如火车，车头动则诸车厢随焉。太极动时劲要整，虽整而又活。身虽动，心贵静。心静则全身皆静，静中又寓动焉。

按：一动无有不动，一静无有不静。即动则俱动，静则俱静。同时又要视动犹静，视静犹动；动中有静，静中有动。动，非妄动、乱动，非手足不合、肩胯不一、肘膝不顾。要周身一家，劲合一处，力聚一方，动中有一“静”字。

牵动往来，气贴背，敛入脊骨。内固精神，外示安逸。

【解】牵动往来，即收放之义。气收入贴藏于脊背，蓄而待发，精力内固。外表文雅安逸，虽练武而犹文也。

迈步如猫行，运劲如抽丝。

【解】太极拳行走，大多足跟先着地。如猫行之轻灵，含有蓄神之意。练拳运劲如抽丝，均匀不断。运内劲时，自下由腿顺转而上，从胳膊顺拧而出，如将一把生丝顺扭，反放之。即倒转由上将劲收回身内，此即为缠丝劲[①]。

注 释

① 缠丝劲：董先生将“顺扭”“反放”，“即倒转由上将劲收回身内”，称为“缠丝劲”。未知是他的发明，还是得自他的某授业老师。待考。

全身意在蓄神不在气，在气则滞。有气者无力，无气者纯刚。

【解】人身有三宝，曰：“精、气、神”。太极拳以意运动，然非故意运气。如运气澎涨，则滞而不灵。有气者无力，有浊气者自觉有力，人觉我无力。无气者纯刚，无浊气者即生绵力，意到则力至。设用力搭在敌人膊上，如用皮条将彼搭住。我虽未用力，对方则觉我手膊重如泰山。不用直力则巧力生，无浊气者为纯刚。

气如车轮，腰若车轴。

【解】全身意气如车轮流动，腰为一身之主宰。腰如车轴能圆转，所以变化在腰间也。

按：董先生此处虽有将武公禹襄拳论易以“王宗岳”之误，但他的阐释将抽象的拳理形象化，很有价值。

行功口诀

一举动周身俱要轻灵，尤须贯串。气宜鼓荡，神宜内敛。无使有缺陷处，无使有凹凸处，无使有断续处。其根在脚，发于腿，主宰于腰，形于手指。由脚而腿、而腰、总须完整一气，向前退后，乃能得机得势。有不得机得势处，身便散乱，其病必于腰腿求之，上下前后左右皆然。凡此皆是意，不在外面。有上则有下，有前则有后，有左则有右。如意要向上，即寓下意。若将物掀起，而加以挫之之力，斯其根自断，乃坏之速而无疑。虚实宜分清楚，一处有一处虚实，处处总此一虚实。周身节节贯串，无令丝毫间断耳。

（注）此乃禄禅师原文，云张三丰祖师所传。

按：此《行功口诀》非张三丰所传，实为武公禹襄著名拳论《打手要言》末节内容。禄禅公进京教拳之初，将班侯托付与乡绅拳友武禹襄学文。岂料班侯讷于文而敏于武，故武公因势利导多课以拳技。时，李启轩（1835—1899 年）也从舅父学，与班侯年龄相若，且私交甚好，便将母舅拳论抄赠。因为是早期未完稿之作，故与“老三本”中定稿之论存在出入。此为“禄禅师原文”之出处。现将“老三本”中“郝和本”所录武公《打手要言》与《行功口诀》相对应文论摘录于下，供爱好者鉴赏。

“每一动，惟手先着力，随即松开，犹须贯串，不外起承转合。始而意动，既而劲动，转接要一线串成。气宜鼓荡，神宜内敛。无使有缺陷处，无使有凹凸处，无使有断续处。其根在脚，发于腿，主宰于腰，形于手指。由脚而腿而腰，总须完整一气。向前退后，乃得机得势。有不得机势处，身便散乱，必至偏倚。其病必于腰腿求之，上下前后左右皆然。凡此皆是意，不是外面。有上即有下，有前即有后，有左即有右。如意要向上，即寓下意。若物将掀起而加以挫之之力，斯其根自断，乃坏之速而无疑。虚实宜分清楚，一处自有一处虚实，处处总此一虚实。周身节节贯串，勿令丝毫间断。”

行功口诀详解

一举动周身俱要轻灵，尤须贯串。

【解】练拳时一举一动，凡应动之姿式，手足俱要轻灵（即不用勉强力），身子略有腾空意思。又应含有活泼意思，毫无迂滞而极顺熟。一套拳由头至尾，贯串而不中断，即是一气呵成之谓。在练拳中，身躯任何部份于动作时，应表现轻巧而非浮滑，灵活而非虚渺。夫轻灵者，轻中而含有劲于其间，与浮而无倚之轻者不同。灵者，含有机警智慧，与虚渺无根者又不同。然动作既得轻灵之妙，应注意其贯串。贯串者不断之谓也，如长江大河，滔滔不绝，绵延之意。

气宜鼓荡，神宜内敛。

【解】气宜鼓荡：呼吸即气之表现，鼓荡似湖中之水，随微气而鼓荡。一起一伏，轻微而有次序。神宜内敛：静心凝神，用意思将精神收聚入内，斯为内敛。所谓“气”者，对于人体则不外呼吸。太极拳之所谓“气”者即内功。除呼吸之外，尚有一种体内之养气。该气混和于血球间之气，俗称气功。太极拳之练此种气，非徒然或勉强可得。必先练意，从意之修养，而至于自觉自悟，穷神达化之气功。生理学所谓人体之血球，当其运行时，有一种无体之气，此即养气，常与血球相扣而行。设无此种养气之存在，则血不能行，此气乃人体有生具来之纯然正气。凡练拳者，能功致于意气相生，延年益寿之效寓焉。口鼻之呼吸虽在动之时，倘能保持与安静时无大差别，则体内之气用之不竭矣。神者，意之表现，心之徵[①]象。心露于目，故一举动均自心生。所谓心为令，气为旗也。在举动之瞬息间，心之所欲，尽现于神。神露则必为敌所知，故致力于修养时，亦应保藏精神。

注释

①徵：音 zhēng，同"征"。

无使有缺陷处，无使有凹凸处，无有断续处。

【解】练拳宜求圆满，不可参差不齐。又不可忽高忽低，宜缓慢平均不停，不使中间有断。

按：摘录郝月如先生一段语录，以加强对此句拳论的认识："太极即是周身，周身即是太极。如同气球，前进不凹，后退不凹，左转不缺，右转不陷，变化万端，绝无断续，一气呵成。无外无内，形神皆忘，乃能进于精微矣。"

其根在脚，发于腿，主宰于腰，形于手指。由脚而腿、而腰、总须完整一气，向前退后，乃能得机得势。

【解】练法须上下相随，劲自足跟起，行于腿，达于腰，由脊而膊行于手指，周身一气。用时进前退后，上至手，下至步，无处不得力，其劲乃不可限量。

"根"者，立身之根基即马步；"腰"者，人体上下相接连之部位也；"指"者，即两手之指也。

有不得机得势处，身便散乱，其病必于腰腿求之，上下前后左右皆然。凡此皆是意，不在外面。

【解】病不在外面，全在意内。意不专，则神不聚。步法不得当，即不能得机得势。不得势，手脚乱矣。不论练拳推手或敌对，如马步不坚固，则不得势。甚至于手足无措，身势散乱。其致败之病，在于腰腿。腰当纛，纛者，兵之司令旗也。腰之运用不灵活，犹兵之失其主宰，鲜有不乱者？腰之重要可知矣，所以求尾闾中正。马步不大不小，站步适当，兼顾四面八方。[①]如有不得力处，非关外在形式，皆由心不专也。

注释

① 马步不大不小，站步适当，兼顾四面八方：此语对当代太极拳练习者有所警示。走架过低，甚至下步将触地面，虽似腿功了得，但失之于过，转换不灵活，易受制于人；走架过高，如站着打拳，虽似灵活，但失之于不及，稳定性降低，也易受制于人。故要“站步适当”“不大不小”，既稳健又灵活，而可“兼顾四面八方”。

有上则有下，有前则有后，有左则有右。如意要向上，即寓下意。若将物掀起[①]，而加以挫之之力，斯其根自断，乃坏之速而无疑。

【解】凡与人敌对，上部有受敌之虞，则下部亦有防敌之需。进攻之际，亦须作后退之备。或前方不能进迫，可从后方偷袭。左边须防卫，右边亦需警戒。“有上则有下”，此即人攻我上，须防其下。我攻其上，预击其下。或攻其上者，实欲动其下，而乘虚袭之。“有前则有后”，攻既向前，须先防中敌之计，故预备后退，亦进可攻、退可守之意也。“有左则有右”，左顾、右盼也。我向敌正面攻击，如失中央突破之机，则当谋左右奇兵抄袭。所谓左重则左虚，而由右击之。当对敌时，敌方之根基，亦犹我之马步。设其根基稳固，若徒以巨力推之，殊不容易。故欲向上部击之，当先注意其下部。运用机智，使其下部动摇。或诱敌进步，乘时突然攻其上，则对方之根基既动，当可迎劲而倒。譬如欲拔起一树，苟徒抱其干，可将之掀起乎?必也先锄其根，令其盘据于混土之根既松且断。则略微力移其重心，势必倾倒而无疑矣。此言与人搭手，先将彼动摇，立足不定，猛力一推即倒。

注释

① 文中"将物掀起"在"老三本"中写作"物将掀起"，一字之易，艺理有变。将物掀起，属主动攻击术，主动施力于对手，即以己之力将对手掀起；物将掀起，属防守反击术，所谓"彼不动，己不动；彼微动，己先动"。待对方之力已出而未尽发时，我即施以回击。孰是孰非，孰巧孰拙，读者自辨。

虚实宜分清楚，一处有一处虚实，处处总此一虚实。

【解】练拳与对敌，总不离一虚一实。虚能实，实又能虚。人不知我，妙在其中矣。全部太极拳之精华奥妙，尽在"虚实"二字之运用。马步有虚实，肩、肘、掌、指有虚实。身形转换变化，亦含虚实。处处分清，自然运用自如。然虚实在练拳时，则易领悟。惟施之于推手或敌对，则非经名师指导，再下苦功，实难领略也。缘练拳之知虚实，乃自我之虚实。推手及敌对之虚实，则须有知彼功夫矣。

在练拳而论，凡动之聚者为实。至对敌之虚实，瞬息万变，殊非笔墨可能揭橥[①]。

注释

① 揭橥：橥，音zhū，拴牲口的小木桩。意为揭示。

按："虚实分清"是修炼太极拳之身法准则之一，后文《太极虚实之解释》所述更为通俗、具体。

周身节节贯串，无令丝毫间断耳。

【解】全身骨节顺合连贯，气须流通，意无间断。

十三势歌

十三势来莫轻视，命意源头在腰际；
变转虚实须留意，气遍身躯不少滞。
静中触动动犹静，因敌变化示神奇；
势势存心揆用意，得来不觉费功夫。
刻刻留心在腰间，腹内松静气腾然；
尾闾中正神贯项，满身轻利顶头悬。
仔细留心向推求，屈伸开合听自由；
入门引路须口授，功夫无息法自休。
若言体用何为准，意气君来骨肉臣；
想推用意终何在，益寿延年不老春。
歌兮歌兮百四十，字字真切义无遗；
若不向此推求去，枉费功夫贻叹息。

按：此歌诀在“老三本”中为武公禹襄代表之作，现摘录“郝和本”该歌诀于下，供读者品鉴：

十三势行工歌诀

十三总势莫轻识，命意源头在腰隙；
变转虚实须留意，气遍身躯不稍痴。

静中触动动犹静，因敌变化是神奇；
势势存心揆用意，得来不觉费工夫。
刻刻留心在腰间，腹内松静气腾然；
尾闾正中神贯顶，满身轻利顶头悬。
仔细留心向推求，屈伸开合听自由；
入门引路须口授，工用无息法自休。
若言体用何为准，意气君来骨肉臣；
详推用意终何在，益寿延年不老春。
歌兮歌兮百四十，字字真切义无疑；
若不向此推求去，枉费工夫遗叹惜。

关于此歌诀中提到的“尾闾正中”，郝月如先生指出“习太极拳者必先求尾闾正中。正中者，脊骨根对脸之中间也。迈左步，左胯微向左上抽，用右胯托起左胯；迈右步，右胯微向上抽，用左胯托起右胯。则尾闾自然正中。能正中，则能八面支撑；能八面支撑，则能旋转自如，无不得力”。读者可详加揣摩。

《十三势歌》歌咏太极拳之修炼法则与目的。以腰为轴、虚实转换、动静相间、因敌变化、尾闾正中、神贯于顶、屈伸开合等均成为习练太极拳之基本要领，尤其强调“腰”之重要性。太极拳乃以内动牵引外动之术，即以腰隙潜转带动肢体而动，所谓以腰领劲、腰如车轴是也。又须“因敌变化”，因人而动，随彼而变，从人不从己，所谓“由己则滞，从人则活”。然，修习太极拳终归于强健身心，“益寿延年”。兵法云：“不战而屈人之兵。”故，太极拳学倡导“技击为末，健康为要”。

八字歌

掤攦挤按世间稀，十个艺人十不知。
若能轻灵并坚硬，粘连黏随俱无疑。
採裂肘靠更出奇，行之不用费心思。
果能粘连黏随字，得其寰中不支离。

按：八字技法发挥必以“粘连黏随”为基，无粘连黏随之功，便无掤、攦、挤、按、採、裂（现写为“挒”）、肘、靠之巧。故，修炼太极拳必先从粘连黏随入手。

心会歌

腰脊为第一之主宰，喉头为第二之主宰，地心[1]为第三之主宰；
丹田为第一之宾辅，掌指为第二之宾辅，足掌为第三之宾辅。

注 释

① 地心：应为“心地”。

按：此歌亦名《心会论》，传统武术之理论，非独太极拳之专有，强调“腰脊”在拳艺中之地位。另，以下诸论若非太极拳专论或论述不精者，则不加评述或少言之。

功用歌

轻灵活泼求懂劲，阴阳既济无滞病。
若得四两拨千斤，开合鼓荡主宰定。

打手歌

掤攦挤按须认真，上下相随人难进。
任他巨力来打我，牵动四两拨千斤。
引进落空合即出，粘连黏随不丢顶。
被打欲跌须雀跃，巧挤逃时要合身。
拔背含胸合太极，裹裆护臂踩五行。
学者悟透其中意，一身妙法豁然能。

【解曰】

彼不动，我不动；彼微动，我先动。似松非松，将展未展，劲断意不断，转动挪移走。

按：《打手歌》在“老三本”中属于武禹襄作品，只有三句，即“掤攦挤按须认真，上下相随人难进。任他巨力来打我，牵动四两拨千斤。引进落空合即出，粘连黏随不丢顶”。后人多以为是首不完整歌诀，不乏试图补充“完整”者，董先生收录的此篇就是一例。且看前三句，语言凝练、隽永，意蕴深刻。读来抑扬顿挫，朗朗上口，一气呵成，颇有气势。后三句文风明显有变，语句浅白俚俗。读来有些拗口，与前文也不合辙押韵，显然是后人所添加。笔者以为，原歌诀虽只三句，但该言之已然尽言，大可不必再画蛇添足。如果认为残缺，它亦如断臂之维纳斯，乃残缺之精品、经典！

太极拳修炼以“粘连黏随”为基本功法，做到内外三合，上下相随，周身一家。采用防守反击术，大胆放纵对手来攻，然后运用掤、撮、挤、按、採、挒、肘、靠技法，引进落空，施以回击，此所谓“牵动四两拨千斤”也。

四性归原歌

世人不知己之性，何能得知人之性?
物性亦如人之性，至如天地亦此性。
我赖天地以存身，天地赖我以致局。
若能先求知我性，天地授我偏独灵。

周身大用论

一要性心与意静，自然无处不轻灵；
二要遍体气流行，一定继续不能停；
三要喉头永不抛，问尽天下众英豪；
如询大用缘何得，表里精细无不到。

按：此论一般和《心会歌》紧密结合，指出拳法之练习次序：先求心静，次曰喉头，三为气遍全身。气功训练也遵此法。此论次言气，应有误。

关要论

活泼于腰，灵机于顶，神通于背[①]，不使气行于顶。
行之于腿，蹬之于足，运之于掌，通之于指；
敛之于髓，达之于神，凝之于耳，息之于鼻。
呼吸往来于口，纵之于膝。浑噩一身，全体发之于毛。

注 释

① 灵机于顶，神通于背：亦写作“灵通于背，神贯于顶”等。

按：此论为习练太极拳对全身各部位之要求，须做到协调一致，一动无有不动，一静无有不静。

八门五步

掤南，攦西，挤东，按北，採西北，挒东南，肘东北，靠西南——方位。坎，离，兑，震，巽，乾，坤，艮八门。方位八门，乃为阴阳颠倒之理，周而复始，随其所行也。总之，四正四隅，不可不知也。夫掤、攦、挤、按是四正之手，採、挒、肘、靠是四隅之手。合隅、正之手，得门位之卦。以身分步，五行在意，支撑八面。五行者[1]，进步火，退步水，左顾木，右盼金，定之方中土也。夫进退为水火之步，顾盼为金木之步，以中土为枢机之轴。怀藏八卦，脚跦[2]五行。手步八五，其数十三，出于自然十三势也，名之曰“八门五步”。

注 释

① 五行者：“杨谱”为“五行”。

② 脚跦：“杨谱”为“脚跐”。跐，音 cǐ，踏。

按：从《八门五步》始，至《太极平准腰顶解》，计二十四节论述，实为“杨家太极拳谱三十二目”（以下简称“杨谱”）之“二十四目”内容。“杨谱”不只一个版本，虽名“三十二目”，实际收入“四十目”，尽管如此，但仍以“三十二目”相称。现以杨振基（1921—2007 年，杨澄甫次子）藏本为准，将董先生收录内容与之相比较，不同之处，谨列于每目之下。

此论仅借用八卦五行之躯壳，不必刻意渲染追求，应引以为戒。八门五步，指太极拳基本技法与步法，故名“十三势”。

八门五步用功法

八卦五行，是人生成固有之良。必先明“知觉运动”四字之根由。知觉运动得之后，而后方能懂劲。由懂劲后，自能接及[1]神明矣。然用功之初，要知知觉运动，虽固有之良，亦甚难得于我也。

注 释

① 接及：应为“阶及”，更加贴切、准确。

按：此法重点在于懂劲。何为懂劲？人力来袭，我之本能反应无非两种：或躲闪，或顶抗。太极拳则不然，要求既不能躲闪，又不能顶抗。迎而相接，接而不顶，所谓不丢不顶，粘连黏随。此即“懂劲”是也。

固有分明法

盖人生降之初，目能视，耳能听，鼻能闻，口能食。颜色声音香臭五味，皆天然知觉，固有之良也。其手舞足蹈，与四肢之能，皆天然运动固有[①]之良。思及此，是人孰无因。人性近习远，失迷固有。要想还我固有，非乃武无以寻运动之根由，非乃文无以得知觉之本原。是乃运动而知觉也。夫运而知，动而觉。不运不知[②]，不动不觉[③]。运极则为动，觉盛则为知。动知者易，运觉者难。先求自己知觉运动，得之于身，自能知人。要先求人[④]，恐失于自己。不可不知此理也，夫而后懂劲然也。

注释

① 固有："杨谱"无此二字。

② 不知："杨谱"为"不觉"。

③ 不觉："杨谱"为"不知"。

④ 求人："杨谱"为"求知人"。

粘连黏随

粘者提上拔高之谓也，黏者留恋缱绻[1]之谓也，

连者舍己无离之谓也，随者彼走此应之谓也。

要知人之知觉运动，非明粘黏连随不可。斯粘黏连随之功夫，亦甚细矣。

注释

① 缱绻：音 qiǎn quǎn，形容难舍难分。

按：详解“粘连黏随”之含义，可与笔者上文解释互为参考。然，明此理并非难事，难在“身知”，身能体现之，惟靠个人修为矣！

顶扁丢抗

顶者出头之谓也，扁[1]者不及之谓也，丢者离开之谓也，抗者太过之谓也。

要知于此四字之病，乃不明[2]粘黏连随，不明[3]知觉运动也。初学对手，不可不知也，更不可不去此病。所难者，粘黏连随，而不许顶扁丢抗。是所不易也。

注 释

① 扁："杨谱"写成"区"，明显为错字。

② 乃不明："杨谱"写作"不但"。

③ 不明："杨谱"写作"断不明"。

对待无病

顶、扁、丢、抗，失于对待也。所以谓之病者，既失粘黏连随，何以得知觉运动？既不知己，焉能知人？所谓对待者，不以顶扁丢抗相对于人也，要以粘黏连随等待于人也。能如是，不但对待无病[1]，知觉运动亦自然[2]得矣，可以进于懂劲之功矣。

注释

① 不但对待无病：“杨谱”写作“不但无对待之病”。

② 亦自然：“杨谱”写作“自然”。

按：初习太极拳，易犯顶、扁、丢、抗之病，此属正常。对自身劲力无从把控，不能灵活运用所致也。要从粘连黏随一步步练起，逐步克服顶、扁、丢、抗之病，久而久之，熟能生巧，习惯成自然，便能“懂劲”。

对待用功法守中土（俗名站撞[1]）

定之方中足有根，先明四正进退身。
掤攦挤按自四手，须费功夫得其真。
身形腰顶皆可以，粘黏连随意气均。
运动知觉来相应，神是君位骨肉臣。
分明火候七十二，天然乃武并乃文。

注 释

① 站撞：杨谱写作“站橦”。橦，音 tóng，古书上指木棉树。

按：此论点重点在于“守中”，无论掤攦挤按、进退顾盼，还是粘连黏随，势法千变万化，“守中土”之原则始终不能丢。还须“用中”，设法使对方失中，方能抢得先手，人为我制。

身形腰顶

身形腰顶岂可无？缺一何必费工夫。
腰顶穷研生不已，身形顺我自伸舒。
舍此真理终何极？十年数载亦糊涂。

按：何为“腰顶”？即腰脊如何运动呢？摘录郝少如先生一段论述，供读者参考。“习者平日行工走架时，要以腰脊为中心，并以中心为界——自腰脊往上，要做到拔背的身法要求。由腰脊向下要用脊骨根托起丹田（小腹），达到吊裆的身法要求。……腰脊位置绝不能后移。腰脊后移，势必会失去其中心地位，形成‘偏沉’之状，以致无法敛气，又不能发挥其主宰作用。相反地，腰脊要有向前移动之意（本是腰脊的内在运动，而非腹部挺出），才能位居中心，行使其全身之主宰的权力……”

太极圈

退圈容易进圈难，不离腰顶后与前。
所难中土不离位，退易进难仔细研。
此为动工①非站定，倚身进退并比肩。
能如水磨②催急缓，云龙风虎象周全③。
要用天盘从此觅，久而久之出天然。

注 释

① 动工："杨谱"为"动功"。

② 水磨：旧时无电力，人们利用水能用石磨磨碎谷物，称为水磨。它由上下石磨盘、轮轴、水轮盘、支架构成。上磨盘悬吊于支架之上，下磨盘安装于轮轴之上，转轴另一端装有水轮盘，从而带动下盘磨转动，以此来粉碎谷物。歌诀中以此为喻，说明太极圈如同水磨一般有自身设定之运行轨迹和范围。

③ 周全："杨谱"为"周旋"。

按：所谓太极圈，实为以腰为中心所设定之自身势力范围，尾闾正中，支撑八面，前进后退，攻防转换自如，无丝毫散乱也。

太极进退不已功

掤攌挤按[①]自然理，阴阳水火既相济。

先知四手得来真，採挒肘靠方可许。

四隅从此演出来，十三势架永无已。

所以因之名长拳，任君开展与收敛，千万不可离太极。

注 释

① 掤攌挤按："杨谱"为"掤进攌退"。

按：武禹襄指出："长拳者，如长江大海，滔滔不绝也。"太极拳，即十三势，行工走架，势势相连，环环相扣，进退不已，无断续，无凹凸，无缺陷，"所以因之名长拳"。

太极上下名天地

四手上下分天地，採挒肘靠有由去[①]。
採天靠地相应求，何患上下不既济?
若使挒肘习远离，迷了乾坤遗叹惜。
此说亦明天地盘，进用肘挒归人字。

注释

① 有由去:“杨谱”为“由有去”，意为“有来有去”。

太极人盘八字歌

八卦正隅八字歌，十三之数不几何。
几何若是无平准，丢了腰顶气叹哦！
不断要言只两字，君臣骨肉细研磨[①]。
功夫内外均不断，对待教儿[②]岂错他。
对待于人出自然，由此[③]往复于地天。
但求舍己无深病，上下进退永连绵。

注释

① 研磨："杨谱"为"琢磨"。琢，误写成"琢"。

② 教儿："杨谱"为"数儿"。

③ 由此："杨谱"为"由兹"。

按：所谓天盘、地盘、人盘和神盘均为奇门遁甲之术语，于拳术无实质性关联，故不论。

太极体用解

理为精气神之体，精气神为身之体。身为心之用，劲力为身之用。心、身有一定之主宰者，理也；精、气、神有一定之主宰者，意诚也。诚者，天道；诚之者，人道。俱不外意念须臾之间。要知天人同体之理，自得日月流行之气。其意气[①]之流行，精神自隐，微乎理矣。夫而后言乃武乃文、乃圣则得[②]。若特以武事论之于心、身，用之于劲力，仍归于道之本也。故不独以[③]末技云尔。

劲由于筋，方[④]由于骨。如以持物论之，有力能执数百斤，是骨节皮毛之外操也，故有硬力。如以全体之有劲，似不能持几斤，是精气之内壮也。虽然，若是功成后，犹有妙出于劲力[⑤]者，修身体育之道然也。

注释

① 意气："杨谱"为"气意"。

② 乃圣则得："杨谱"为"乃圣乃神所得"。

③ 不独以："杨谱"为"不得独以"。

④ 方："杨谱"为"力"。此处"方"当为"力"之误。

⑤ 劲力："杨谱"为"硬力"。

按：此节重点强调太极拳不支持硬力，尚巧，用意不用力，以劲制人。

太极文武解

文者，体者[①]；武者，用也。文功在武，用于精气神也，为之体育；武功得文，体于心身也，为之武事。夫文武犹有火候之谓，在放拳[②]得其时中，体育之本也。文武使于对待之际，在蓄发当其可者，武事之根也，故云武事。文为柔软体操也，精气神之筋劲。武事武用，刚硬武事也，心身之骨力也。文无武之预备[③]，为之有体无用；武无文之侣伴，为之有无用体[④]。如独木难支，孤掌不响。不惟体育武事之功，事事皆如此理也。文者内理也，武者外数也。有外数无内理[⑤]，必为血气之勇，失于本来面目，欺敌必败。尔有内理[⑥]，无外数，徒使[⑦]安静之学，未知用的，对敌差微，如无耳目。故“文武”二字之义，岂可不解哉?[⑧]

注释

① 体者：“杨谱”为“体也”。

② 放拳：“杨谱”为“放卷”。

③ 预备：“杨谱”为“豫备”。

④ 有无用体：“杨谱”为“有用无体”。

⑤ 内理：“杨谱”为“文理”。

⑥ 内理：同⑤。

⑦ 徒使："杨谱"为"徒思"。

⑧ 未知用的……岂可不解哉："杨谱"为"未知用的採战，差微则亡耳！自用于人，'文武'二字之解，岂可不解哉?"

按：此解虽冠以"太极"之名，然，所有武术似均尊此理，故不论。

太极懂劲解

自己懂劲，接及神明，为之文成，而后对敌[①]。身中之候[②]，七十有二，无时不然。阳得其阴，水火既济。乾坤交泰，性命葆真矣。

于人懂劲，随视听之际遇而变化，自得曲诚之妙。形与意合，不劳运动知觉也[③]。功至此，可为攸往咸宜，无须有心之运用矣[④]。

注 释

① 而后对敌："杨谱"为"而后採战"。

② 身中之候："杨谱"为"身中之阴"。

③ 形与意合，不劳运动知觉也："杨谱"为"形著明于不劳，运动觉知也"。

④ 矣："杨谱"为"耳"。

按：懂劲、神明，上文已论之，可参考。

八五十三势长拳解

自己用功，一势一式，用成之后，合之为长。滔滔不断，周而复始，所以名长拳也。须有一定之架子[①]，恐日久入于滑拳也。又恐入于硬拳也，决不可失其绵软。周身往复，精神意气之本，用久自然贯通，无往不至，无坚不摧[②]也。于人对待，四手当先，亦自八门五步而来。站[③]四手，四手碾磨。进退四手、中四手、上下四手、三才四手，由下乘长拳四手起，大开大展，炼至紧凑伸屈自由之功，则升至中上乘[④]矣。

注释

① 须有一定之架子：“杨谱”为“万不得有一定之架子”。

② 无坚不摧：“杨谱”为“何坚不摧”。

③ 站：“杨谱”为“跕”。跕，音 diǎn，同“踮”。

④ 上乘：“杨谱”为“上成”。

按：太极拳既非“滑拳”，更非“硬拳”，要不失其“绵软”，以柔克刚。“柔”何以能克“刚”？如同水，看似绵柔，亦可呈澎湃之势，无坚不摧。故，“柔”并非软弱、松懈，要具备水之气势、特性，个中之理尚须慢慢体认。

太极阴阳颠倒解

阳乾天，日火离，放、出、发、对、开、臣、肉、用、器、身、武。立命方，呼、上、进、隅。阴坤地，月水坎，卷、入、蓄、待、合、君、骨、体、理、心、文。尽性圆、吸、下、退、正。

盖颠倒之理，“水、火”二字详之则可明。如火炎上，水润下者，能使[①]火在下而用水在上，则谓颠倒。然非有法治之，则不得矣。譬如水入鼎内，而置火之上。鼎中之水，得火以燃之，不但水不能下润，藉火气火水必有温时。火虽炎上，得鼎以隔之，是为有极之地。不使炎上之火无止息[②]，亦不使润下之水渗漏[③]，此所谓水火既济之理也，颠倒之理也。若使任其火炎上，水润下[④]，必至水火分为二，则为水火未济也。故云分而为二，合之为一之理也。故云：一而二，二而一。总斯理为三：天、地、人也。明此阴阳颠倒之理，则可与言道。知道则不可[⑤]须臾离，则可与言人能。以人弘道[⑥]，知道不远人，则可与言天地同体。上天下地，人在其中矣。苟能参天察地，与日月合其明，与五岳四渎[⑦]华朽，与四时之错行，与草木并枯荣，明鬼神之吉凶，知人事之兴衰[⑧]，则可言乾坤为一大天地，人为一小天地也。夫如人之身心。致知格物于天地之知能，则可言人之良知良能。若使不失固有之功用[⑨]，浩然正气。直养无害，攸久无彊矣！所谓人身生成一小天地也[10]。天者[11]，性也；地者[12]，命也；人者，虚灵也，神也。若不明之者，乌能配天地人为三乎[13]？然非尽性立命，穷神达化之功，胡为乎来哉！

注释

① 能使："杨谱"为"水能使"。

② 不使炎上之火无止息："杨谱"为"不使炎上，炎火无止息"。

③ 渗漏："杨谱"为"永渗漏"。

④ 若使任其火炎上，水润下："杨谱"为"若使任其火炎上来润下"。

⑤ 则不可："杨谱"为"不可"。

⑥ 则可与言人能。以人弘道："杨谱"为"则可与言人，能以人弘道"。

⑦ 四渎：指长江、黄河、淮河、济水，四条河流。

⑧ 知人事之兴衰："杨谱"为"知人事兴衰"。

⑨ 若使不失固有之功用："杨谱"为"若思不失固有其功用"。

⑩ 小天地也："杨谱"为"小天地者"。

⑪ 天者："杨谱"为"天也"。

⑫ 地者："杨谱"为"地也"。

⑬ 天地人为三乎："杨谱"为"天地为三乎"。

人身太极解

人之周身，心为一身之主宰。主宰，太极也。二目为日月，即两仪也。头象[①]天，足象[②]地，人中之人及中腕，合之为三才也。四肢，四象也。肾水、心火、肝木、肺金、脾土，皆属阴；膀胱水、小肠火、胆木、大肠金[③]，皆阳矣。兹为内也。颅顶火[④]、地阁承浆水、左耳金、右耳木，两命门也。兹为外也。神出于心，眼目[⑤]为心之苗；精出于肾，脑肾为精之本；气出于肺，胆气为肺之原。视思明，心动神流也；听思聪，脑动肾滑也。鼻之息香臭，口之呼吸出入。水咸，木酸，土辣，火苦，金甜。言语[⑥]声音，木亳，火焦，金润，土堨，水漂。鼻息口呼吸之味，皆气之往来，肺之门户。肝胆巽震之风雷，发之声音，出入五味。此言口、目、鼻、神、意，使之六合，以破六欲也。此内也。手、足、肩、膝、肘、胯，亦使之六合[⑦]，以正六道也。此外也。眼、耳、鼻、口、大小便、肚脐，外七窍也。喜、怒、忧、思、悲、恐、惊，内七情也。七情皆以心为主，喜心、怒肝、忧脾、悲肺、恐肾、惊胆、思小肠、怕膀胱、愁胃、虑大肠，此内也。夫离，南、正、午、火、心经；坎，北、正、子、水、肾经；震，东、正、卯、木、肝经；兑，西、正、酉、金、肺经；乾，西北、隅、金、大肠、化水；坤，西南、隅、水、脾、化木[⑧]；巽，东南、隅、木、胆[⑨]、化土；艮，东北、隅、胃、土、化火。此内八卦也。二四为肩[⑩]，六八为足，上九下一，左三右七也。坎一、坤二、震三、巽四、中五、乾六、兑七、艮八、离九，此九宫也。内九宫亦如此。表里者，乙肝左肋化金通肺，甲胆化土通脾，丁心化木中胆通肝，丙小肠化水通肾，己脾化上通胃，戊胃化火通心，后背前胸山泽通气，辛肺右肋化水通肾，庚大肠化金通肺，癸肾下部化火通心，壬膀胱化木通肝。此十天干之内外也，十二地支亦如此之内外也。明斯理，则可与言修身之道矣。

注释

① 象："杨谱"为"像"。

② 象：同①。

③ 大肠金："杨谱""大肠金"后还有"胃土"。

④ 颅顶火："杨谱"为"颅丁火"。

⑤ 眼目："杨谱"写为"目眼"。

⑥ 言语："杨谱"为"及言语"。

⑦ 亦使之六合："杨谱"为"亦使六合"。

⑧ 坤，西南、隅、水、脾、化木："杨谱"写为"坤，西南、隅、土、脾、化土"。按中医五行对应五脏的生克制化理论，脾属土而生金，故此处疑两谱均有误，当为"坤，西南、隅、土、脾、化金"。

⑨ 木、胆："杨谱"写为"胆、木"。

⑩ 二四为肩："杨谱""二四为肩"前有"外八卦者"。

太极分文武三成解

盖言道者，非自修身，无由得也。然又分为三乘之修法。乘者，成也。上乘，即大成也；下乘，即小成也；中乘，即诚之者成也。法分三修，成功一也。文修于内，武修于外。体育内也，武事外也。其修法内外表里成功集大成，即上乘也；由体育之文而得武事之武，或由武事之武而得体育之文，即中乘也；然独知体育不知武事[①]而成者，或专武事不为体育而成者，即小乘也。

注释

①不知武事："杨谱"为"不入武事"。

太极武功事解[①]

太极之武[②]，外操柔软，内含坚刚。而求柔软之于外[③]，久而久之，自得内之坚刚。非有心之坚刚，实有心之柔软也。所难者，内要含蓄坚刚，而不施外，终柔软而迎敌。以柔软而应坚刚，使坚刚尽化乌有[④]矣！其功何以得乎？须[⑤]粘黏连随已成，自得运用[⑥]知觉，方为懂劲，而后神而明之。即所谓极柔软练出极坚刚，如发劲无坚不摧矣。[⑦]

注 释

① 太极武功事解："杨谱"为"太极下乘武事解"。

② 太极之武："杨谱"为"太极之武事"。

③ 而求柔软之于外："杨谱"为"而求柔软，柔软之于外"。

④ 乌有："杨谱"为"无有"。

⑤ 须："杨谱"为"要非"。

⑥ 运用："杨谱"为"运动"。

⑦ 即所谓极柔软练出极坚刚，如发劲无坚不摧矣："杨谱"为"夫四两拨千斤之妙，功不及化境，将何以能？是所谓懂粘运（应为'连'），得其视听轻灵之巧耳。"

按：太极拳名曰"太极"，须阴阳相济。"柔"亦如此，柔中须寓刚。"外操柔软，内含坚刚。"以柔迎敌，使敌之坚刚融化于如水之"柔"中，此即"以柔克刚"。

太极正功解

太极者，元也。无论内外、左右、上下[①]，不离此元也。太极者，方也。无论内外、左右、上下[②]，不离此方也。元之出入，方之进退，随方就元之往来也；方为开展，元为紧凑，方元规矩之至，其孰能[③]出此以外哉？如此得心应手，仰高钻坚，神乎其神，见隐显微，明而且明，生生不已，欲罢不能。

注释

① 左右、上下："杨谱"写作"上下、左右"。

② 左右、上下：同①。

③ 孰能："杨谱"误写为"就能"。

太极轻重浮沉解

双重为病，干于填实，与沉不同也；双沉不为病，自尔腾虚，与重不一[①]也。双浮为病，只如漂渺，与轻不例也；双轻不为病，天然清灵，与浮不等也。半轻半重不为病，偏轻偏重为病。半者，半有着落也，所以不为病。偏者，无着落也[②]，所以为病。偏无着落，必失方圆。半有着落，岂出方圆？半浮半沉为病，失于不及也；偏浮偏沉，失于太过也。半重偏重，滞而不正也；半轻偏轻，灵而不圆也。半沉偏沉，虚而不正也；半浮偏浮，茫而不圆也。夫双轻不近于浮，则为轻灵；双沉不近于重，则为离虚。故曰：上手轻重，半有着落，则为平手。除此三者之外，皆为病手。盖内之虚灵不昧，能致于外之清明[③]，流行乎肢体也。若不穷研轻重浮沉之手，徒劳掘井不及泉之叹耳！然有圆方[④]四正之手，表里精粗无不到，则已极大成，又何云四隅出方圆耶[⑤]？所谓：方而圆，圆而方，超乎象外，得其寰中之上手也。

注 释

① 不一："杨谱"为"不易"。

② 偏者，无着落也："杨谱"为"偏者，偏无着落也"。

③ 能致于外之清明："杨谱"为"能致于外气之清明"。

④ 圆方："杨谱"写作"方圆"。

⑤ 方圆耶："杨谱"写作"方圆矣"。

按：此解写得十分精彩，可谓无一浮词。太极拳练习时易犯之病，述之甚详。孰对孰错，一目了然。毫无疑问，作者是位高士，可惜，其真容不得而知矣！另，连同此后两篇，疑为一人之作。

太极四隅解

四正即四方也，所谓掤搌挤按也。初不知方，焉能知圆[①]？方圆反复之理无已[②]，焉能出隅之手[③]？缘人外之肢体，内之神气，弗缉轻重[④]方圆，四正之功，始出轻重浮沉之病，则有隅矣。譬如[⑤]半重偏重，滞而不正，自然为採挒肘靠之隅手。或双重填实，亦出隅手也。病多之手，不得已以隅手扶之，而归圆中方正之手。虽然至低者，肘靠亦及此以补其所缺[⑥]。以后功夫[⑦]，能致上乘者，亦须获採挒而仍归大中至正。是四隅之所用者，因失体而补缺云尔[⑧]。

注释

① 初不知方，焉能知圆："杨谱"为"初不知方能始圆"。

② 方圆反复之理无已："杨谱"为"方圆复始之理无已"。

③ 之手："杨谱"为"之手矣"。

④ 轻重："杨谱"为"轻灵"。

⑤ 譬如："杨谱"为"辟如"。

⑥ 以补其所缺："杨谱"为"以补其所以云尔"。

⑦ 以后功夫："杨谱"为"春（疑为'夫日'）后功夫"。

⑧ 云尔："杨谱"为"云云"。

太极平准腰顶解

顶如准，故曰[①]“顶头悬”也。两手平即左右之盘也[②]，腰即平之根株也。立如平准，所谓轻重浮沉，分厘毫丝则偏，显然矣。有准顶头悬，腰之根下株尾闾至尻门[③]也。上下一条线，全凭两平转[④]。变换取分毫，尺寸自己辨。车轮两命门，一纛摇又转。心令气旗使，自然随我便。满身轻利者，金刚罗汉炼。对待有往来，是早或是晚。合则发放去，不必凌霄箭。涵养有多少，一气哈而远。口授须秘传，开门见中天。

【附注】以上各篇均先贤原文，辞意显浅，读者自可体会。其难解者，再请教老师为善。

注 释

① 故曰：“杨谱”为“故云”。

② 两手平即左右之盘也：“杨谱”为“两手即平左右之盘也”。

③ 尻门：“杨谱”为“囟门”。

④ 两平转：应为“两手转”。

按：以上二十四篇“先贤原文”，文风不一，水平不等。有的写得非常精彩，比如《粘连黏随》《顶扁丢抗》《对待无病》《太极轻重浮沉解》等，有的差强人意。由此可知，诸论是集体智慧的结晶。另外，拳论中有一词“体育”，且频繁使用。如“修正身，体育之道……”“不惟体育，武事之功”“体育，内也”等。查“体育”一词，为清末留日学生从日本移植而来。它与武术相联系，赖有识之开明人士提倡，但这已然是民国时期的事情了，再为武林人士所接纳又须一个过程。故而，“先贤原文”之汇集或者“杨谱”成谱时间应在1930年前后为确。

大小太极解

天地为一大太极，人身为一小太极，人身具太极之体，故人人可以练太极拳。本固有之灵而重修之，人身如机器，久不磨则生锈，生锈则气血滞，弊病丛生。故欲锻炼身体者，以练太极为最适宜。太极练法，以心行气，不用浊力[①]，纯任自然。筋骨鲜折曲之苦，皮肤无磋磨之劳。不用力何能有力？盖太极练功，沉肩[②]坠肘[③]，气沉丹田。丹田为气之总机关，由此分运四体百骸，周流全身，意到气至。练到此地位，其力便不可限量，功效昭著矣！

注释

① 浊力：应为“拙力”。

② 沉肩：亦写作“松肩”。习太极拳肩关节不易放松，易犯“耸肩”之病，应以不考虑肩部存在为宜，又不可上臂贴身行拳，腋窝要空，可间容一拳，所谓“腋半虚，臂半圆”。如此，则两臂伸缩自如，富有弹性。旧时，广府拳家有腋窝夹一鸡蛋行工走架之习。

③ 坠肘：亦写作“沉肘”，与“沉肩”密不可分。肘尖如坠物，有下垂之意，谓之坠肘。臂不上扬高抬，又不可夹肩，其间要把握一个度，两臂有向外撑圆之意、之势。

太极拳能却病延年

肥胖腹大之人，皆因欠缺运动。或纯靠服食补品，以致脂肪积聚，肌肉内含水份过多。若每日练三套太极拳，即能将身上脂肪水份，连带风湿，由毛管排泄而出。故肥者可以练瘦，瘦弱者或面色萎黄之人，虽食补品而不能肥者，亦因欠缺运动。滋养身体不能吸收，随肠走出，故虽食补品而无效。若能每日练三次太极拳，可使血脉流通。以心行气，无微不至。犹如树木将枯，每日用水滋润之，即能渐复青葱。练拳能悦颜色，助精神，减少疾病，增寿数十载。如此幸福，千金难买也！

人既运动，肌肉发展，血气和缓，食品能滋润身体，故瘦能变肥。肥瘦之功，运动可以左右之。孟夫子云："苗之将枯（即如人枯瘦），天油然作云，沛然而雨（即如气血润身），苗勃然而兴矣（即如人瘦将变肥矣）！"人之思虑多者，每易患血压高或失眠症（即中医谓之操劳过度）。思想即是意，血随意行，时时刻刻，思想用脑。血随意存留在头上，即兴头痛头晕。犹如胶管装水过多，即生危险。血既偏聚头上而心血少，心即跳动不安，遂致晚上失眠。患此症者，宜用轻松方法练习。气沉丹田，意注下行，将头上存留过多之血，疎散于四肢，下行于心，心得血养。头上轻松，谓之轻清上浮为天。重浊下降为地，阴阳既分，全身无偏，各得其养，身体康泰矣！故每日练三套太极拳，所有失眠、血压高、肺弱、胃病、腰病、肾病、贫血等，一扫而空。驼背弯腰，手足不灵，腰腿不随诸般症候，皆有特效。人人皆可练太极拳，获不可思议之益处。

谈太极拳养身

人为动物，必须运动。太极拳运动，顺自然，合生理，最宜于养身。太极拳架子之首，有预备式。此式垂手自然直立，全身放松。将思虑狂想丢开，将工作劳碌忘却。如将千斤重担放下，心中安静，脑部亦获休息，其益为何如耶？及乎提手举足，开始练拳，则一动无有不动，全身骨节无有不舒畅者，全身筋络无有运动不到者。首式“揽雀尾”，内包含掤攦挤按四法。转身上右步，伸右手至前方时，为“揽雀尾”。不离松肩坠肘，气沉丹田，尾闾中正，虚灵顶劲。上数句字面易懂，功夫实难。同志中不鲜能将字面解说明白，惟其功夫未必能与字而相符，尤恐拘泥不化，致以辞害意也。若言实地功夫，譬如站定“揽雀尾式”，上步时间，腿分虚实，步法为丁八步。松肩坠肘，松肩肩处不用力，坠肘非向下用力压，只肘尖处略转下而已。气沉丹田，非小腹鼓劲呼吸，惟于腹脐下稍加注意而已。又恐不明白涵胸拔背之真理，作成弯腰驼背之形，故又有“尾闾中正”原则以校正之。本来涵胸即是胸部微微松动，后背自然稍为拔起。胸中不但微松，更寓有开合之意。练太极拳能医疗肺病、胃病者，要领在此而已。练拳本来须慢须匀，恐因此无精彩，故又有虚灵顶劲，提起精神以辅助之，使练太极拳者，样样完善，全无缺点。张三峰祖师为人类身体健康谋幸福，可谓尽心竭力，蔑以复加矣！

学太极拳初步

太极拳本系武当内功，欲锻炼身体者，无论老少皆可学习。小儿八岁以上，老者六十以外，与乎体弱者皆可学习。习之数月，即渐觉强壮矣。小孩正当发育期间，练拳宜开展（即伸手与蹬脚以伸展较长为善）。惟二十岁以下青年，练拳不必涵胸。因二十岁前，骨格尚未长成，正当变迁时候，以直身为宜。过二十岁以后，方可再加涵胸。

十三式架子，三个月可学会，一年习熟，三年练好，日后愈练愈精，但非真传不可。太极拳不得真传，只是身体略壮耳。练拳十年，终是糊涂，焉能知精微奥妙及知觉运用？若得真传，如法练去，金刚罗汉体不难得矣。不但体壮，自卫防身之能力寓焉。早晚练拳最宜，饭后休息半小时或一小时，方可运动。如体质弱者，量力练之。服食中西药品或打针后，皆不可即时运动。必须休息，至复元方可继续练习。练拳每早晚两次或三次均可。夏天练拳，正燥热之候千万不可以冷水沐浴，恐致闭热，稍息无妨。冬天练毕，速穿衣服，否则恐易受凉。练毕勿立即就坐，可步行五分钟，使血脉调和。用功时须澄心息虑，心无所思，意无所感，专心练拳。太极对敌法甚妙，非不能用，只缘今之同志，大多单练皮毛，不肯深究，不求高师访益友，但说太极不能实用，如此岂能怪授者不授耶？此拳由道而生，初学每日可学一两式，不可担率。初学略难，一月后拳式入门后则易学矣。同志常有于初学一两月，觉拳甚好。再学三四个月后，反觉不如从前，遂感烦燥。须知此正是进步境象，盖如无进步，不能自知拳式好坏也。初习拳者必经此阶段，切勿因此懈志。

按：此节是学习太极拳入门须知：怎样练、何时练、学习步骤、练习强度、注意事项等记述甚详。可谓循循善诱，娓娓道来，如董先生之在眼前，堪为太极拳入门教学极好之参考教材。

习太极拳程序

初学拳时，少理论，但听先生所教。首须不用力，全身放松软。每日学一两式，不可过多。三个月后，可以学完全套。再三个月，练习与校正姿势。姿势正确八九成时，可作为个人健身运动，如怀健身之宝。如愿再进一步，再学三个月，学转动路线及太极之意义。再三个月，学太极拳之劲气。开始窥视太极拳门径，期约一年。然非高明老师教授，不能达到目的。学拳六个月后就可学推手初步练习。第一个月亦是不用力，先学两人粘黏打圈。第二个月，学掤攦挤按四个方法。第三个月学化劲，先学肘化，次学腰化，再学两肩化，更要有柔软圆滑，然后学随机应变全身化。后再三个月，学掤攦挤按之用法，然后再学连化劲带打法。以上为期一年，以后有暇可并学太极剑。如肯用功，再加半年，共为期年半。拳、剑、推手三样皆熟，略有本领，身体健康矣！此算一小乘。再续用功一年半，在此期内，可学太极枪，学推手以外各种手法。此期间内，加紧实地练习，为期共约三年。拳、剑、枪各用法皆熟，健身防身自卫皆可，有大本领。本身有拳，兵刃短有剑、长有枪，其功夫足供一生练习矣。此可称为中乘。三年后，练拳法又不同。要聚精会神，苦心求高明老师传授。炼精化气，炼气化神，炼神还虚，升入上乘门径。太极拳分三乘：推手大圈为初乘，学化小圈为中乘，连化带打无圈为上乘。无圈之中有圈，专打不化，打中又有化。就是大圈套小圈，小圈变无圈。此即无极生太极，阴阳八卦五行，千变万化而归一，得上乘之功，天下无敌矣。为期若干年，则不能预定，须视个人天份聪明与用功程度矣。本来学艺无止境，然肯下功夫者，无论如何，必一日技精一日。学者须耐心练拳，达到神化境界，非难事也。

按：练习太极拳，先走架，后推手，再剑，再枪。从小乘、中乘、大乘，苦心修炼，经年有得，所谓：太极十年不出门。此言果然不虚也！

太极虚实之解释

常人皆知练拳时，左腿实右腿变虚。如若右腿实，左腿变虚。固为虚实。再言弓腿为实，后腿为虚则错矣，不信者可以试验。譬如打人一拳，推人一掌。弓实前腿，后腿变虚。自己考虑，自己站立稳否与得力否，有推人之效力否？细思当自知之。近习拳同志，每视拳为运动而忽略为拳术。此固是运动，惟每方式皆根据用法而作。故习拳要学姿式正确，根据用法目标练习，方能得太极拳之真功效。

“虚实”二字，按前人指示其意义，非如字面之简单，兹再阐释之。如欲上右脚，则用意将身躯重心微移至左腿立实，右腿重力既移去后变为虚，即能轻便活动。提起迈步，步之大小随各人而定。如两脚站稳，则两脚皆为实。若左足想上步，右足尖向外转移，将身重心移至右腿，此时始分虚实。右腿立实，左足轻便。总而言之，如站定方式后，足不可虚。须分虚实时，多数前足可虚，后足为实，盖力从根起（即足后跟也）。如运用进步变步，两腿虚实变换，此穿梭更快，两足可虚可实。虚者为五分力，亦有二三分者，实者为八九分力。如丝毫不着力，足部即不听自己指挥。如实十分用力，则转动不灵矣。

按：郝月如先生对“虚实分清”有经典阐释，他在《身法要点》一文中指出："何谓虚实分清？曰：两腿虚实必须分清。虚非完全无力，着地实点要有腾挪之势。腾挪者，即虚脚与胸有相吸相系之意，否则便成偏沉。实非全然占煞，精神贯于实股，支柱全身，要有上提之意。如虚实不分，便成双重。"董先生《太极虚实之解释》与郝氏论述有异曲同工之妙，且更为通俗、更为具体。今人当详加体会。

太极弓腿坐腿之解释

（弓腿）即前腿向前弯。

（坐腿）即是后腿往后坐，后腿曲膝坐低是也。

弓腿、坐腿之运用，犹如北方农夫之浇园式[①]（即灌田）或普通之拉锯式，或如南方船夫之摇船形。总言之，皆是运用上下相随之揉动力。

注释

① 农夫之浇园式：当代人对“拉锯”“摇船”可能有印象或体会，而对“北方农夫之浇园式”，也许就没有概念了。彼时无电力及现代化机械设备，灌溉浇田一般以辘轳从井中汲水。农夫摇动辘轳非仅仅靠臂力，而是腰腿用劲，达于臂手，须上下协调而相随。习太极拳弓腿、坐腿与之相若，故用“农夫之浇园式”做比喻。

身法

提起精神　虚灵顶劲　涵胸拔脊　松肩坠肘
气沉丹田　手与肩平　胯松膝平　尻道上提
尾闾中正　内外相合

按：武禹襄有《身法》十要传世，即“涵胸、拔背、裹裆、护肫、提顶、吊裆、松肩、沉肘、腾挪、闪战”。后，郝月如补录三条“尾闾正中、气沉丹田、虚实分清”，计曰十三条，并做出注释，摘录于下，供参照学习。

“心以上为胸。胸不可挺，要往下松，两肩微向前合，谓之涵胸。能涵胸，才能以心行气；两肩中间脊骨处似有鼓起之意，两肩要灵活，不可低头，谓之拔背；两膝着力，有内向之意，两腿如一条腿，能分虚实，谓之裹裆；两胁微敛，取下收前合之势，内中感觉松快，谓之护肫；头颈正直，不低不昂，神贯于顶，提挈全身，谓之提顶；两股用力，臀部前送，小腹有上翻之势，谓之吊裆；以意将两肩松开，气向下沉，意中加一‘静’字，谓之松肩；以意运气，行于两肘，手腕要能灵活，肘尖常有下垂之意，谓之沉肘；有动之意而未动，即预动之势，谓之腾挪；身、手、腰、腿相顺相随，一气呵成，向外发出，劲如发箭，迅若雷霆，一往无敌，谓之闪战；两股有力，臀部前收，脊骨根向前托起丹田（小腹），谓之尾闾正中；能做到尾闾正中、涵胸、护肫、松肩、吊裆，就能以意送气，达于腹部，不使上浮，谓之气沉丹田；两腿虚实必须分清，虚非完全无力，着地实点要有腾挪之势。腾挪者，即虚脚与胸有相吸相系之意，否则便成偏沉。实非全然占煞，精神贯于实股，支柱全身，要有上提之意。如虚实不分，便成双重。”

练法

不强用力　以心行气　步如猫行　上下相随①

呼吸自然②　一线串成　变换在腰　气行四肢

分清虚实　圆转如意

注释

① 上下相随：表现于手、眼、身、步、精、气、神之内外合一。手与足合、肘与膝合、肩与胯合，此谓外三合；神与意合、意与气合、气与劲合，此谓内三合。神聚于目，眼为心之苗，心从意中生，我意向何处，则目视何处。目视何处，则周身直对何处，劲聚何处，如此，则上下相随。

② 呼吸自然：太极拳非以意导气之功法，纯任自然呼吸。不必刻意引导，拳势动作自会与呼吸协调一致。如发劲必呼气，蓄劲须吸气，自会合拍，绝不会反之。故要呼吸自然。

然，为何又"以心行气""气行四肢"呢？因为此"气"，非指自然界空气，而言"气势"，即太极拳修炼者达到一定水准时，人体自然由内而外生发出之感觉与态势。观杨澄甫先生拳照，气势磅礴，卓然不凡，无人可及。故，太极拳运动中，如"气腾然""行气""运气""气沉丹田"等提法，均言"气势"。

习拳箴言

依规矩，熟规矩，化规矩，神规矩，不离规矩。初习要慢，逐渐要匀，极熟后，从心所欲。动静虚实，阴阳开合，各种神气姿态要表现出。圆中有方，方中有圆。劲若断而意实未断也，灵动神妙，造极登峰。习拳至此，不可思议矣。

经验谈

（一）太极拳系内家拳，力出于骨，劲蓄于筋。不求皮坚肉厚，而求气沉骨坚。故无张筋错骨之苦，无跳跃奋力之劳。顺其自然，求先天之本能，为返本归原之功夫。

（二）纯太极拳有三到：神到、意到、形到。如身法正确，神意俱到，则进步甚速，每日有不同之感觉。学者宜细心体味之。

（三）如身法不合，神意不到，如火煮空铛，到老无成，有十年太极拳不如三年外家拳之讥。故第一须“勤”，第二须“悟”。功夫如何，视智慧如何。但勤能补拙，须自勉之。

（四）练习时呼吸，要自然呼吸，勿勉强行深呼吸。功夫纯熟，自然呼吸调匀，否则有害无利。

（五）太极十三势，本为导引功夫。导引者，导引气血也。故功夫纯熟，气血调匀，百病消除。千万不可自作聪明，如舌顶上腭、气沉丹田之类。功夫到后，自然气沉丹田而行百脉。此乃自然之理，不可以人力强求。

（六）松肩垂肘。乃言力不可聚于肩背，要将力移至臂部肘前一节，此乃意会而不能言传者。学者要细心体味，不可泥而行之，不得滞重力沉，致难于轻灵。

（七）提顶吊裆。提顶要天柱头容正直，吊裆则气由尾闾向上提也。收劲时胸要稍稍含虚，发劲时要天柱微直。切不可含胸驼背。

（八）练拳一次至少三趟。第一趟开展筋脉，第二趟较正姿势，第三趟再加意形。纯熟之后，一出手便有意形，则进步更速。

（九）知觉懂劲。要多推手，自得黏连黏随之妙。如无对手，勤练架子，及时时以两臂摸劲。假想敌人进攻，我以何法制之，日久亦能懂劲。

（十）推手时要细心揣摩，不可将对方推出以为笑乐。务要使我之重心，对方不能捉摸。对方之重心，时时在我手中。

（十一）太极拳行住坐卧，皆可行功，其法以心行气而求知觉。譬如无意之间，取一茶杯，用力持之，如何感觉；不用力持之，如何感觉。行路之时，举步之轻重，立定之时，屈腿而立，直腿而立，一足着力，双足着力，均可体验之。

（十二）初步练拳时，觉身躯酸痛，此乃换力，不必惊恐，亦不可灰心。半月之后，即觉腰腿轻快，神满气足。

（十三）架子练熟，推手入门，乃讲功劲。太极拳有粘动劲、跟随劲、轻灵劲、沉劲、内劲、提劲、搓劲、揉劲、贴劲、扶劲、摸劲、按劲、入骨劲、捽动劲、挂劲、摇动劲、发劲、寸劲、脆劲、抖劲、去劲、冷不防劲、分寸劲、蓄劲、放箭劲、等劲，等等以上诸劲，仅述大概。领略各种劲，在知觉运劲中求之。一人求之较难，二人求之较易。因人是活物，发劲之外，尚有灵感作用。务在人身上求之，如无对象，在空气中求之，如打沙包转钢球，俱无用也。

（十四）太极拳论云：“其根于脚，发于腿，主宰于腰，形于手指。”此发劲之原理也。再有禁忌，如膝不可过足尖，伸手不得过鼻尖，上举不得过眉，下压不得过心窝。此古之遗训也。如违此禁忌，力卸矣。变化之妙，主宰于腰。如以右手斜左推人，已过鼻尖矣，力已卸矣。但左胸往后稍含，腰部稍稍左转，力又足矣。此变化在胸，主宰在腰也。形于手指者，浑身松灵，刚坚之劲，在于手指，则如纯钢松软之条。上有铁锤，向前一弹，所向披靡，无法御之。学者细心推敲，不久可得内家真劲。手法特别者，不在此禁。

（十五）人乃动物，并具灵感。譬如我以拳击一人，彼当以手推开或身子闪开，决不能静立待打，抵抗乃人之本能也。静物则不然，如悬一沙包，垂悬不动，拳击之后，当前后鼓荡。然其鼓荡之路线，乃一定之路线。向左击之，向右荡回，此乃物之反应也。人则不然，一拳击去，对方能抗能空，变化无定，此人之反应也。拳术家有稳、准、狠三字。等求我不发劲，发则所向披靡。然何以求稳、准、狠？须先求灵感，如何求灵感？读者应在前篇王宗岳先生之《行功论》内求之，即“彼不动，己不动；彼微动，己先动”。须在似动未动之时，意未起形未动之间，争此先着，所向披靡矣！

（十六）或云练太极拳后，不可举重物，不可用蛮力，此则未必尽然。未学太极拳，一身笨力，全体紧张。既学太极拳，全体松软，筋畅气通。务必练去全身紧张，仍须保持原来之笨力。因松软之后，笨力变为真劲矣。昔人谓笨力称之曰“膂力”，其力在肩膂之间也，不能主宰于腰形于手指也。故笨力为本钱，松软是用法。得用其法，小本钱可做大事业。不得其法，本钱虽大，事业无成也。故得太极拳真理以后，举重、摔角、拍球、赛跑，随意可也，不必禁忌。但依编者愚见，各种运动，不如多打几趟拳。

（十七）道经云：“一阴一阳谓之道，太极即阴阳也。”在此原子时代，何物非阴阳。故行功论有云：“偏沉则随，双重则滞。偏沉、双重，阴阳不匀也。”故读者于举手投足，务须注意：一阴一阳，一虚一实。老子曰：“吾善藏其余。”祈揣摩之。

（十八）《太极文武解》，“文武”二字，文以养身武以御敌。

（十九）以上写出各条，均经验也，理论也。真实功夫，尚须在十三式中求之。功夫纯熟，自得得心应手之妙。练功时最好少求理论，多做功夫。余曾曰：“功夫昔人好，理论今人好。”实在理论一多，功夫不专，进境反少矣。拳术界中人多讲义气，学者当尊师重道，厚敬师傅，感动师傅，则为师者必尽心教导。此虽世俗之理，但中国人情如此，不可不注意。爱学真功夫者，更当注意也。

（二十）孟子曰：“尽其心者，知其性也。知其性，则知天矣。火之炎上，性也；水之润下，性也。此物之性也。春茂秋杀，天之性也。恶劳好逸，惧死贪生，此人之性也。然火遇风可吹之使下，水之过火，能蒸之使上。松柏心坚，秋冬不凋。人知礼义，见义勇为，此乃易后天之性返入先天也。”人未练拳之时，百脉滞塞，筋紧缩而短，故力聚於肩膂。既练之后，百脉畅通，筋长力舒。由肩而臂，由臂而腕，由腕而形于手指，渐渐弃后天而转入先天。如得先天本能，则神妙不可思议。学者得此劲后，当知余言之非谬也。

按：如果说《八字歌》等诸篇为“先贤原文”，那么，余下文论则为董先生心得体会。他从太极拳能“却病延年”“养身”“自卫防身”，以及入门须知、“习太极拳程序”“身法”“练法”“习拳箴言”等方面进行阐述，告国民“人人可以练太极拳”“欲锻炼身体者，以练太极拳极为最适宜”，称“每日练三套太极拳，所有失眠、血压病、肺弱、胃病、腰病、肾病、贫血等，一扫而空”，又提醒年轻人，“惟二十岁以下青年，练拳不必涵胸。因二十岁前，骨格（应为

'骼')尚未长成,正当变迁时候,以直身为宜。过二十岁以后,方可再加涵胸"。他谆谆告诫同好虚实如何分清,"弓腿为实,后腿为虚则错矣",一般情况"前足为虚,后足为实","如实十分用力,则转动不灵矣",习拳时"要自然呼吸,勿勉强行深呼吸"。等等这些论述,今天读来仍不失其积极意义。尤其《经验谈》二十则,均为董先生数十年"平素经验"之积累,非向壁虚造、哗众取宠之作,可谓无一虚词浮句。董先生师承李香远、杨澄甫等太极拳家,加上自身造诣卓然,毫无疑问,他是知晓"山下路"的"过来人"。当今太极拳传人,无论修习何派,都不妨细心玩味这些体会,终会有所收益。

太极拳架子名目

1. 预备式
2. 太极起式
3. 揽雀尾
4. 单鞭
5. 提手上式（上下提均可）
6. 白鹤亮翅
7. 搂膝拗步
8. 手挥琵琶
9. 左右搂膝拗步（三步）
10. 手挥琵琶
11. 左搂膝拗步
12. 进步搬揽捶
13. 如封似闭
14. 十字手
15. 抱虎归山
16. 肘底看捶
17. 左右倒辇[1]猴
18. 斜飞式
19. 提手
20. 白鹤亮翅
21. 左搂膝拗步
22. 海底针
23. 山通臂
24. 撇身捶
25. 上步搬揽捶
26. 上步揽雀尾
27. 单鞭
28. 左右云手
29. 单鞭
30. 高探马
31. 左右分脚
32. 转身蹬脚
33. 搂膝拗步
34. 进步栽捶

35. 撇身捶
36. 上步搬揽捶
37. 斜身右蹬脚
38. 左右打虎式
39. 回身右蹬脚
40. 双风贯耳
41. 左蹬脚
42. 转身右蹬脚
43. 上步搬揽捶
44. 如封似闭
45. 十字手
46. 抱虎归山
47. 斜单鞭
48. 左右野马分鬃
49. 上步揽雀尾
50. 单鞭
51. 玉女穿梭
52. 揽雀尾
53. 单鞭
54. 云手
55. 单鞭下势
56. 金鸡独立
57. 左右倒辇猴
58. 斜飞式
59. 提手
60. 白鹤亮翅
61. 搂膝拗步
62. 海底针
63. 山通臂
64. 白蛇吐信
65. 上步搬揽捶
66. 上步揽雀尾
67. 单鞭
68. 云手
69. 单鞭
70. 高探马代穿掌
71. 转身十字腿
72. 进步指裆捶
73. 上步揽雀尾（带跟步）
74. 单鞭下势
75. 上步七星捶
76. 退步跨虎
77. 转身双摆莲
78. 弯弓射虎
79. 转步搬揽捶
80. 如封似闭
81. 十字手合太极

注释

① 搴：现写作“撵”。

按：董先生师从杨澄甫学艺，但所传架子名目与其师略有不同。现将杨澄甫《太极拳体用全书》中拳架名目列于此，供参考。

1. 太极拳起势
2. 揽雀尾
3. 单鞭
4. 提手上式
5. 白鹤晾翅
6. 左搂膝拗步
7. 手挥琵琶式
8. 左搂膝拗步
9. 右搂膝拗步
10. 手挥琵琶式
11. 左搂膝拗步
12. 进步搬揽捶
13. 如封似闭
14. 十字手
15. 抱虎归山
16. 肘底看捶
17. 倒撵猴
18. 斜飞势
19. 提手
20. 白鹤晾翅
21. 搂膝拗步
22. 海底针
23. 扇通背
24. 撇身捶
25. 进步搬揽捶
26. 上步揽雀尾
27. 单鞭
28. 云手
29. 单鞭
30. 高探马
31. 右分脚
32. 左分脚
33. 转身蹬脚
34. 左搂膝
35. 右搂膝
36. 进步栽捶
37. 翻身撇身捶
38. 进步搬揽捶
39. 右蹬脚
40. 左打虎式
41. 右打虎式
42. 回身右蹬脚
43. 双风贯耳
44. 左蹬脚

45. 转身蹬脚
46. 进步搬揽捶
47. 如封似闭
48. 十字手
49. 抱虎归山
50. 斜单鞭
51. 野马分鬃（右、左）
52. 揽雀尾
53. 单鞭
54. 玉女穿梭
55. 揽雀尾
56. 单鞭
57. 云手
58. 单鞭下势
59. 金鸡独立（右、左）
60. 倒撵猴
61. 斜飞势
62. 提手
63. 白鹤晾翅
64. 搂膝拗步
65. 海底针
66. 肩通背
67. 转身白蛇吐信
68. 搬揽捶
69. 揽雀尾
70. 单鞭
71. 云手
72. 高探马穿掌
73. 十字腿
74. 进步指裆捶
75. 上步揽雀尾
76. 单鞭下势
77. 上步七星
78. 退步跨虎
79. 转身摆莲
80. 弯弓射虎
81. 进步搬揽捶
82. 如封似闭
83. 合太极式

〔一〕预备式

练拳之初，心中先拟定一个位置。左脚先上一步，右脚随跟上一步。两脚分开立齐与双肩一样宽，身子立直，眼平视。全身松静，平稳站定。将自己日思夜虑事情丢开，专心练拳。

预备式

〔二〕太极起式

两手不可用力，由下慢慢往前向上提起，与肩下平，两膊肘处微向下弯。(如图)

2式〔二〕
太极起式（一）

〔三〕又

由上式松肩坠肘，两膊与气一齐向下沉。双掌落至胯前，气已沉至丹田。再松胯，气由腿后部，直落至足跟。此时站立，自然稳固。宜头容正直，眼平视，即是虚灵项劲。

【益处】全身放松，气致中和。平心静气，筋肉松弛休息，气亦调匀舒服。全身筋肉腹内五脏各部恢复适当部位，各得其所而休息，能培养精神。

2式〔三〕
太极起式（二）

【注意】练拳不可闭口藏舌，又不可时时涵胸拔背。此法是有时间性者，到收回方式才可涵胸。有涵胸自然有拔背，千万不可自作拔背驼形为要。

〔四〕〔五〕揽雀尾

开始练拳，右手微上提，右腿向下弯曲。右腿不动原位，与右身手眼神心意一齐向右转。手圆转向右斜下方，左手等右手转落时，右足坐实，左足向左横迈一步，用足跟先着地。同时左手由下自内微弯向上提至左方，与胸平，如弓式（等劲不必作掤字解）。眼微注左臂，手寓下转看右手意。此时右手右足在右，左手左足在左。此谓太极动之则分，左右足平形如图站稳。

揽雀尾（一）

揽雀尾（二）

【益处】此式谓之“开”，将全身筋络、肺部、胃部舒展开。凡人运动非得到伸缩不为功，伸即开，缩即合，所以练拳不能离开合之法。

〔六〕〔七〕

由上式左手由上向内，右手自下向内，转双手如抱球状。此时重心移至左腿，右足轻轻提收至左足近处。向前迈步，足跟先着地，右手自下圆转伸至前方，与肩平。右手在前为掤式，左手在后相对。眼神随右手随送，眼即心之苗。眼之行动，即以心行气之谓（掤者），即捧上架高使对方手膊不易落下也。平掤如第一道防线，敌不能推进也。

3式〔六〕

揽雀尾（三）

3式〔七〕

揽雀尾掤式（四）

〔八〕

3式〔八〕

揽雀尾攌式（五）

由上式两手微往右拧转寸许，拧至右手心向下，左手心向上。两掌距离尺许，向左涵胸拉回（即是攌）。身向左微偏，同时左腿坐，右腿变为虚（虚者不用大力）（此式为攌）（功能练实左腿）。

【用处】（攌字即作拉回也）设对方双手按我左膊前节，或者我左手着[①]住他左手随沾贴他，或抓他左腕。同时用我右腕搭上他左肘上，两手一齐往左将他拉斜（拳法为攌）。

注释

① 着：此处同“抓”意。

按：太极拳势法亦有“拧转”“拉回”“抓”等技击术语，但因顺势借力而为，不用硬力，故动作必在柔和舒缓中求之。下同，不再多解。

〔九〕

3式〔九〕

揽雀尾挤式（六）

由搬式两手返转，右手向内，左手微往后圆转一小圈，左掌心对右腕处随跟上右腕扶贴。两脚原位，弓右腿，蹬左腿。双手往前挤，身法眼神一齐进攻（右膝不可过足尖）（左腿形微弯）。（如图）

【用法】（挤者即逼对方不能逃也，挤住不易动也）设用搬法，将他拉斜使失重心。此时速用左手扶自己右腕，双手合力挤他上膊处。我挤到他身，双手一齐发劲，他必跌数尺远或丈余，视自己功夫如何而定。

〔十〕

3式〔十〕

揽雀尾按式（七）

由上式左腿与双手同时慢慢收回，身法含蓄势。将双手收至胸前，掌心向前向下形。左腿已往后坐实，右腿力移至左腿：故右腿为虚（如图）。

【功能】舒通胃气，练脊背力。

【用法】设有人推来或攻击我，我收蓄气，空身法。敌人扑空，而他自不得力。

〔十一〕

揽雀尾按式（八）

由上式双手向前按出时，左足不动原位。用微蹬力，同时右腿慢慢往前弓出，膝盖不可过足尖。手脚一齐，两掌向前往外推出。手指与肩平，眼平远看。（如图）

【功能】运动腰腿力、全身力，能发放胃气，舒通肺气，练掌力、眼力。

【用法】（按字即用双手按对方，使其不得动也。向下按向前按均可。）用双手推敌胸前，或按住他手膊。用吸沾力按实，用自己全身力由下而上。从脊背而发于掌，其劲不可限量。

〔十二〕〔十三〕

由上式双手微上提（手形看图），用右足跟同身手一齐向左前平转至（四十五度），全身重心移至左腿（如一图）。双手不停，往左向下平转。自身转回右方时，全身重心移回右腿。曲膝站实，右手拇食中三指摄住，五指合拢，指尖下垂，此形为刁手。平伸至右方，左手左腿同时收回。左掌向内平收至右胸前，左腿提起，足尖向下，眼看右手（如二图）。

单鞭（一）

单鞭（二）

〔十四〕

上式似停未停，左足往左前方迈一大步（足跟先着地）。左掌向外向左方转伸，眼神随掌转视，转掌向外，指仰上，左膊微曲。此时两手分左右，弓左腿，右腿微弯。（如三图）

单鞭（三）

【功能】单鞭为开劲，将肺部胃部微微开放，双手至腿全身筋肉拉开。

【用法】写拳练法带用皆系假想。由上式接连而写，单鞭之用法。由上双手作按式而言，双手按出。设有人前进打我，我速涵胸，右手自上落下。用手指将他拳微向右搂开，再有人自左后方打来，我转身避过他拳，上左脚用左掌推他前胸。

〔十五〕

提手上式

由上式左足跟站实，先用足尖向内微转，全身重心移至左腿。合手提右足，同时合提至右前方，手足皆作微曲形路线。两手是平线合拢的，掌为前后相向形。右足是由右提起，用足跟踏在前。左腿为实，右足为虚。（如图）

【功能】全身之劲合聚一处，提手练法，双手由上平合为合提手。如若双手自单鞭式往下合劲，不作提手形寓提上意，为提手寓上式。

〔十六〕〔十七〕

由上式双手往下，由身前向左转右手，至胯前微停。左手不停自下由左往上圆转，此时右腿收回，足尖向下，悬起左掌，立起摸至右膊内（如一图）。接上式，右足向右前方迈出一步，全身重心慢移，右腿立实。右手膊自下由右上提，左掌由右，向左斜方按落。此时左足尖提至右足前虚立，此时身向左转，右手提高至右额外，左手落至身左边，手足形看图。（白鹤亮翅图一寓提意，图二提右手往上谓提手上式，作成式后谓白鹤亮翅）

【功能】斜开身形，练尾闾中正、虚灵顶劲。

【用法】设用左掌摸住敌右肘，自己随用右腕或前膊往上提，抬至敌右膊跟处。右足站实，右膊向上往外反猛抖劲，可将他打起离地。此神意谓“仰之弥高”。

白鹤亮翅（一）

白鹤亮翅（二）

〔十八〕〔十九〕

由上式右手背右肘转向下同右腰腿坐落，左手由下自外转至前上方。两足不动，原位。(预备搂膝如图)

接上式不停。右手掌向后圆转至右耳边，左手自上向左斜下方搂开敌拳。左脚随进步，足跟先着地。已经搂拳过膝，右手预备推掌。(如二图)

〔二十〕

接上式不停。左足放平，右掌由耳边向敌胸前推出。左腿弓式，膝不过脚尖。右腿在后微弯，作蹬助力，两腿皆实。

(此三图练法用法齐说明)

7式〔十八〕

搂膝拗步（一）

7式〔十九〕

搂膝拗步（二）

7式〔二十〕

搂膝拗步（三）

〔二十一〕

8式〔二十一〕

手挥琵琶

由上式收回右手，伸起左手，全身退回，坐于右腿。左足尖同时翘起，收退半步。足跟踏地（用分四力），右腿坐稳。左手在前，右手在后，手心相对，矩①离尺许，抱托琵琶式（看图）（说明）。右手右膊微向内拧转拉回，左手左膊由下向内拧转托上。伸出两两手②，是搓劲。

【用法】设自己右手着住敌右腕，向下微按拉直他。远伸左掌由下托住他肘节，使他不能弯曲。

注 释

① 矩：当为“距”。下同。

② 两两手：当为“两手”。

〔二二〕〔二三〕

由上式右手平转，抽回往后小圈转上，由右耳边向前平推出。同时左足往前偏左方上一大步，左手随即自前落下由膝处搂过左腿外，坐掌。同时弓左腿，右腿蹬伸微弯。（如下两图）

左搂膝拗步（一）

左搂膝拗步（二）

按：原文误将图〔二二〕、〔二三〕标混，现对调标明正确图示。

〔二四〕（〔二五〕）

接上式。左足尖微向左外移小许，全身重心移于左腿立实。左手随身左偏后，抽转掌心向上往后圆转。而上手掌至耳边，右手自前往左向下搂形。同时左腿坐实，右脚迈出，不停接二式。右足跟踏地，右手自膝盖处搂过，弓右腿。随即左掌由耳边向前推出，后腿蹬劲微弯。此时左掌向前，右掌向下。（如二图）

右搂膝拗步（一）

右搂膝拗步（二）

按：据下文，此节题目遗漏〔二五〕，现补遗。后文同此。

〔二六〕〔二七〕

接上式。右脚尖微向右外移动少许，全身重心，慢移于右腿坐实。右手随抽转往后向上圆转至右耳边，左手自前向左往下搂。左腿自后起往前迈步，足跟踏地，弓腿。左手自膝处搂过腿外，右掌向下，右掌由耳边向前平方推出。掌向前，右腿蹬劲微弯。（如二图）

左搂膝拗步（一）

左搂膝拗步（二）

〔二十八〕

由上式收回右手，左手伸长提起，全身退回重心坐于右腿。左足尖同时翘起，收退半步，足跟踏地（用四分力）。左手在前，右手在后，手心斜向相对，矩离尺许，如抱琵琶状（姿式看图）（解释说明）。有一图有两三图不等，因为姿式过渡，多少不同，路线分图说明。初学者，易于明白。至练习时，全图接连不停，练法前文已详明。

手挥琵琶

〔二九〕〔三十〕

由上式右手平转抽回，往后小圈转上，由右耳边向前平推出。同时左足往前偏左方上一大步，左手随即自前往下由膝盖处搂过左腿外，坐掌。同时弓左腿，右腿在后。

略有蹬劲，以助前右掌已经推到对方胸前之掌力。（如二图）

左搂膝拗步（一）

左搂膝拗步（二）

〔三一〕〔三二〕

由上式左足尖微向左外移，身腰向左微转，松胯，坐左腿。右手握拳，由身左前方自下向上后方与左手同往上绕圈。此时右脚自后提往前，经左腿前，与右拳同转至右方。右脚落前，斜半步，右拳平沉放内胁边。此时左手由耳边伸前，指斜立，同时上左足。(如二图)

进步搬揽锤（一）

进步搬揽锤（二）

〔三三〕

上图譬如用左手揽住对方右握拳之前膊，微向外搬，使之斜偏。

此图是左足落平，弓腿，随势右拳向前打出。右腿在后助攻，拳立形。左手随同时收回，扶于右腕近处，立掌。

【用法】真实单用。左手搬住他，右举发力打出。左手不一定要收回，随机变通，

进步搬揽锤（三）

不可泥于图式。

〔三十四〕

由上式右拳微往左转，将拳放开。左掌下转，自右胳膊下往右伸两手，作交叉式。右腿与身形同时缩回，有涵胸意。双手向内肘下微曲，眼神注前，此谓“神如捕鼠之猫”。蓄神待机，两胯里根收缩。重心坐右腿为实，前足用二三分力。(如图)

〔三十五〕

上式为蓄神待机。此时我左手已着上他左腕，我随反掌按曲他左膊。速用我手反掌伸出按他左肘处，成一平形。全身之力，一齐往前坐掌发出，即推出。左腿微弓形，后足不可离地，恐失自己重心前覆。

【解说】练习时动作慢，要平均运行。

如封似闭（一）

如封似闭（二）

〔三十六〕〔三十七〕

由上式全身重心移至左足着地，身足向右拧转（四十五度）。两手同时如搬长竿，向左右分开，右腿变虚。双手不停，向下合抱胸前。右手在外，两掌心向内。右脚与手合抱，同时收半步，两腿弯曲平立。（如二图）

十字手（一）

十字手（二）

〔三十八〕

由上式左足尖向里向右略转移，身腰均随左足尖转动，向右后方转（约四十五度），坐左腿。左手向左后方向下绕右手反掌向下，随身转向右向下绕搂膝。右足亦随身转略，提右足尖着地。

〔三十九〕

上式不停。右足向右后斜方踏出一步，腰向右转。左手随腰势向左后方绕圈，上转至左耳边，向前推出，坐掌松肩。右手亦顺势向右往下绕过右膝在先，右腿为弓式。眼视左手，左腿在后，微直。（如图）

15式 〔三八〕

抱虎归山（一）

15式 〔三九〕

抱虎归山（二）

15式 〔四十〕

抱虎归山（三）

〔四十〕

接上式右手向后绕圈，从右耳傍伸出，掌心向前斜下方。左手转掌心向上，变作攦式。重心仍在右腿，眼视右手（如图）。

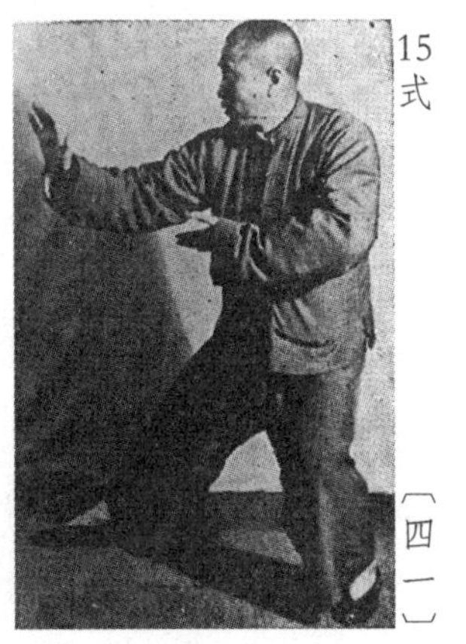
15式 〔四一〕

抱虎归山（四）

〔四十一〕

不停。身腰向左略转，两手向左作攦式。坐实左腿，右腿变虚，眼视右手。以上四图，为整个“抱虎归山”。

抱虎归山（五）

〔四十二〕

说明与“挤”同。

〔四十三〕

抱虎归山（六）

说明与“按式一”图同。

〔四十四〕

抱虎归山（七）

说明与“按式二”图同。

此三图为“抱虎归山”。连带“揽雀尾”在内，“挤按式”。

肘底看锤（一）

〔四十五〕

由上式松肩沉肘，掌心微用点力平摸。右足尖向内转移，身腰随向左方转，两手亦向左方平绕如摸物状。左掌到左胸前，右手在右，眼视左手。左腿坐实，右脚变虚。（如图）

肘底看锤（二）

〔四十六〕

上式不停，由内往右平绕一小圈，右前左后，双手平伸右斜方。随将右腿弯曲，坐实立稳。左腿提起，足尖向下，寓向左转意。（如图）

〔四十七〕〔四十八〕〔四十九〕

不停。左足与身手同向左外后方转，左足尖向左后返转落地，双手平转不停。右脚随往右横方踏出一步，与左足心平衡。重心慢移，右腿为实。此时左手往左往下绕圈转上，如捞物形，至面前，手指直立。此时左脚提至右足跟前半步，用左足跟虚立，足尖翘起，右手自右收至左肘下抓拳。(此三式过渡不停，故作一次说明。)

16式〔四七〕

肘底看锤（四）[1]

16式〔四八〕

肘底看锤（三）[2]

16式〔四九〕

肘底看锤（五）

注释

①(四)：当为“（三)”。

②(三)：当为“（四)”。

〔五十〕〔五一〕

由上式右拳松开，由肘下往后自右身侧边向后转上至右耳边，掌心向前。左手背转向下，将肘膊沉平。腰间与左脚自前提起，退后一步坐实。右掌自耳边推出，伸至将直未直。右腿里根缩收形，右脚转正为虚，眼神看前手（如二图)。右手初动时身与意向右，左手退时看左，伸右手看右，即为“左顾”“右盼”。

左倒辇猴（一）

左倒辇猴（二）

〔五二〕〔五三〕

接上式不停。左手自下往后转上至左耳边，向前坐掌伸出。右手背向下，右足自前提起向右后方退步。右膊沉着抽回腰间，掌心向上。右腿落地坐实，左足转正变虚。右掌伸前坐掌，眼注视。左右倒辇猴，伸手悬脚皆是经过不停。图式坐稳为正式，习者熟思之，前后过渡式，皆作不停论。

右倒辇猴（一）

右倒辇猴（二）

〔五四〕〔五五〕

此二图同前说明练法，三五七步均可，惟退五步最适合。以退至右手在前，接转斜飞式为适合。

【用法】设有人自前打来，速侧身退步，用左手搂开右掌打他。左右均同意思。

如真使用，不必按图。他用拳打来，我速侧身退半步，如猴形。用四手指作向下形，自上往下，向后斜方搂开他拳，退步避之。或进打亦可，变通许多，笔难尽述。

左倒辇猴（一）

左倒辇猴（二）

〔五六〕〔五七〕

由上式右掌向右下方向里绕圈，绕至左胁前。左手则从左圆转向上转，掌心向下，仍往右至胸前，双手上下如合抱。右脚尖收回半步着地，眼注右（如一图）。右脚向右后斜方踏出一步，右手向斜上方，左手自胸前向左斜下方，双手同分左右展开。身向右斜，眼视右方。弓右腿，左腿在后，斜伸如鸟展翅斜飞。

斜飞式（一）

斜飞式（二）

〔五十八〕

由上式右手右脚提起，同时收回半步踏地。左腿弯坐实，左手同时自后由下向前伸出，如前提手式。

提手

〔五十九〕〔六十〕〔六十一〕

练法同前。

20式 〔五九〕

白鹤亮翅（一）

20式 〔六十〕

白鹤亮翅（二）

21式 〔六一〕

左搂膝拗步（一）

〔六二〕〔六三〕

二图练法同前。

21式 〔六二〕

左搂膝拗步（二）

21式 〔六三〕

左搂膝拗步（三）

〔六四〕〔六五〕

由上搂膝拗步式。右掌慢向内转，手指向下垂，肘向下。左脚同时收回，足尖点地为虚，全身重心移右腿立稳算实。左掌微提高，眼视右手（如一图）。右手指尖微用力往下插，弯身弯腿，两腿里根处用缩收力，更要松肩，气由脊背逆送至丹田，方为妥善。右手伸至左膝下五寸许，眼视前下方，头顶更要虚灵清楚为要。

【功能】练脊骨，壮腰肾。

海底针（一）

海底针（二）

〔六六〕〔六七〕

由海底针式。右手自下向外反掌由下往上，画一弧线如扇面形，画至头项。掌反向上，五指张开，如托物状。眼随右手，左掌由下向前。同时左脚上步推出，五指张开。此时弓左腿，眼注左手。

【功能】练膀臂力。

【用法】如有机会，用右手由下托对方右膊。左脚上步，左掌推他右胁侧。

23式 〔六六〕

山通臂（一）

23式 〔六七〕

山通臂（二）

〔六八〕〔六九〕

右上式右手弯形不变，自上向右，由身前转落至心口前抓拳。左手上膊弯回至左额外，掌心向外。身形眼神同左足跟向里转（四十五度），重心仍在左腿坐实，右脚为虚，眼回视右前方。（如图）

接前式右拳自胸前向上，返撇转一圈。右脚提起转正，再向右前方踏出，同右拳一齐落下。弓腿，右拳平沉放右腰间。左手与右手分开时，向左往后下圆转至左胸前，向前方伸出，手指斜立，掌心向右，眼视左手，左腿微伸。（如图）

24式 〔六八〕

撇身锤（一）

24式 〔六九〕

撇身锤（二）

〔七十〕〔七一〕〔七二〕〔七三〕〔七四〕（～〔八十〕）

由上式身、手、腰、右脚提起，一齐向左转作搬揽锤，与前练法同。

以上四式，是整个“搬揽锤”。

由“搬揽锤”变“揽雀尾”，应当如此多图。第一图谓转意与神，第二图是预备好，将上第三图谓接手。由掤手进入揽雀尾，同前法至七图完。

25式 〔七十〕

上步搬揽锤（一）

25式 〔七一〕

上步搬揽锤（二）

25式 〔七二〕

上步搬揽锤（三）

25式 〔七三〕

上步搬揽锤（四）

26式 〔七四〕

揽雀尾（一）

26式 〔七五〕

揽雀尾（二）

26式〔七六〕
揽雀尾（三）

26式〔七七〕
揽雀尾（四）

26式〔七八〕
揽雀尾（五）

26式〔七九〕
揽雀尾（六）

26式〔八十〕
揽雀尾（七）

按：上文述第25式、第26式，练法同前，图片说明应为〔七十〕至〔八十〕，原文遗，括号内为校注者补充。后同。

〔八十一〕(〔八二〕〔八三〕)

三图练法同前“单鞭”。

27式 〔八一〕

单鞭（一）

27式 〔八二〕

单鞭（二）

27式 〔八三〕

单鞭（三）

〔八四〕

28式 〔八四〕

预备云手（一）

由“单鞭”左弓腿式。用左足跟向右内前转横脚尖，左手不动原位，右膊斜向下沉。全身重心慢移，左腿坐实，右足变虚，眼视右手。(如一图)

〔八五〕〔八六〕

右手不停由下向内转至小腹前，右足提起，收回半步，与左脚并立（约离五寸)。右手由身前转向上圆转，此时左手慢慢下落，右手不停，经面前离尺许，向右外方反掌。此时右足实，左足虚。左手不停落转至小

腹前，双手似未停。(如上二图三图为右云手)

云手（二）

云手（三）

〔八七〕

双手似停未停，左足横形提起，往左横出一大步，眼看左手。左掌心转向内，由下往上，经身前面前圆转。同身法。慢慢移左腿，上左掌反掌向外，与肩平，为“左云手”。初动时右腿实，转动至如式时左脚实。(即四图)

云手（四）

【解释】

按：原文“解释”下无正文，不知何故。

〔八八〕

(五图)“右云手”与上同。两手是循环不停，单数五、七、九步均可。第一次以九步为善。

云手（五）

〔八九〕〔九十〕

由上式右腕向下拧转，大、食、中三指合拢下垂为刁手。左掌向内由下往上，经胸前圆转。左腿提起悬立，似停未停，左手左腿同向左方，上步伸掌。左腿上步弓腿，左手自胸转掌伸至左方，反掌向外，指向上。双手平形，左右足伸开。（如二图）

单鞭（一）

单鞭（二）

〔九一〕〔九二〕

由上式右手曲回至耳边，左腿收回，足尖着地。右手由耳边伸至前方，左手掌心向上收回。（如二图）

30式 〔九一〕

高探马（一）

30式 〔九二〕

高探马（二）

〔九三〕〔九四〕〔九五〕

由上式左脚向左斜上半步，弓腿，双手向右斜方圆转。右手由下转上，双手作交叉式。右脚向前右斜方踢出，变手同时向左右分开，左腿微曲站定。（如三图）

31式 〔九三〕

右分脚（一）

31式 〔九四〕

右分脚（二）

31式 〔九五〕

右分脚（三）

〔九六〕〔九七〕〔九八〕

由上式右脚向右斜方落下，弓腿，双手向左方合与肩平。左手在上，右手在下，左右手距离约尺余，眼望左手。左手向下转至与右手作交叉式，左脚向前左斜方踢出。同时双手分开，右腿微曲站定。(如三图)

左分脚（一）

左分脚（二）

左分脚（三）

〔九九〕〔一百〕

由上式左腿收回，身与手向左转，双手作交叉式。左腿悬起，脚尖向下。右腿微曲站定，蹬左脚，双手左右分开。(如二图)

转身蹬脚（一）

转身蹬脚（二）

〔一零一〕〔一零二〕

由上式左脚落下，弓腿。左手同时由上向下搂至左膝外，掌向下，右手由耳边同时推出，坐掌。（如二图）

左搂膝拗步（一）

左搂膝拗步（二）

〔一零三〕

由上式左足步与左手同时向外圆转，右脚上步弓腿。右手自上向下由左而右，搂至右膝外。左手由后上，由耳边向前推出。(如图)

33式

〔一零三〕

左搂膝拗步（三）

〔一零四〕

由上式右足尖向外转，右肘曲起拿拳，上左脚弓腿。左手自上而下，由右搂至左膝外，右手向下伸拳。(如图)

34式

〔一零四〕

进步栽锤

〔一零五〕(〔一零六〕)

由上式转左脚，左手由下而上，转至右额外。右拳曲至胸前不动，双手同时向左右分开，右拳落至右腰间。左手由上转后，自下伸至前方，右腿同时上步弓腿。(如二图)

35式 〔一零五〕

撇身锤（一）

35式 〔一零六〕

撇身锤（二）

〔一零七〕〔一零八〕〔一零九〕

练法与用法同前。

36式 〔一零七〕

上步搬揽锤（一）

36式 〔一零八〕

上步搬揽锤（二）

36式 〔一零九〕

上步搬揽锤（三）

〔一一零〕〔一一一〕〔一一二〕

由前式双手向左右分开转下，左足尖与身体同时向左转。双手由

下而上，作交叉式。左脚站定，蹬右脚，双手同时左右分开。（如三图）

斜身登脚（一）

斜身蹬脚（二）

斜身蹬脚（三）

〔一一三〕〔一一四〕

由上式右脚收回，与左足平立。右手不动，左手由上转至右肘处，双手抓拳。左脚向左斜方上步弓腿，双手向下由右转至左方额上，右拳转至胸前不动。（如二图）

打虎式（一）

打虎式（二）

〔一一五〕

由上式。左手由上向左方落下，同时左脚向内转左，反身上右步，双手同时自下转至右额上。右拳举起，左拳曲至胸前，右脚弓腿。(如图)

打虎式（三）

〔一一六〕〔一一七〕

由上式双拳变掌，左右分开。右脚收回，左足尖微向外转，双手合拢作交叉式。左脚站定，蹬右脚，双手同时向左右分开。(如二图)

回身右蹬脚（一）

回身右蹬脚（二）

〔一一八〕〔一一九〕〔一二零〕

由上式右膝曲起，身体与双手转至右斜方，掌心向上。左腿微曲站定，双手下落。右腿放下作弓式，双手自下分左右，转上抓拳，拳

顶双对。(如三图)

双风贯耳(一)

双风贯耳(二)

双风贯耳(三)

〔一二一〕〔一二二〕

由上式双拳放掌分开,向下圆转而上,作交叉式。蹬左脚,双手同时分开。(如二图)

左蹬脚(一)

左蹬脚(二)

〔一二三〕〔一二四〕

由上式左足微落，向左圆转。右足尖作螺丝转（转大半圈），左足着地，双手合拢作交叉式。左腿微曲站定，蹬右脚，双手同时分开。(如二图)

转身右蹬脚（一）

转身右蹬脚（二）

〔一二五〕〔一二六〕

由上式右手反掌拿拳曲肘，同时与右脚横转微曲。落下左足，与左手同时上步。伸手弓左腿，打右拳。左手同时收回，扶至右手腕。(如二图)

43式

（一二五）

上步搬揽锤（一）

43式

（一二六）

上步搬揽锤（二）

44式

（一二七）

如封似闭（一）

44式

（一二八）

如封似闭（二）

45式

（一二九）

十字手（一）

45式

（一三零）

十字手（二）

46式

（一三一）

抱虎归山（一）

46式

（一三二）

抱虎归山（二）

46式

（一三三）

抱虎归山（三）

46式 〔一三四〕
抱虎归山（四）

46式 〔一三五〕
抱虎归山（五）

46式 〔一三六〕
抱虎归山（六）

46式 〔一三七〕
抱虎归山（七）

47式 〔一三八〕
斜单鞭（一）

按：自图〔一二七〕如封似闭式至图〔一三八〕斜单鞭（一）式无文字说明，应为同前式。

〔一三九〕〔一四零〕

姿式与前单鞭同，惟方向为斜方。

斜单鞭（二）

斜单鞭（三）

〔一四一〕〔一四二〕

由上式右掌放开，右手转下，左手转上，双手转至身前作抱球状。右足同时收至左足前，右足再向右前斜方上步弓腿，双手同时左右分开。右掌心向上，左掌心向下。（如二图）

右野马分鬃（一）

右野马分鬃（二）

〔一四三〕〔一四四〕

由上式右手上，左手下，双手转至面前，如抱球状。右足尖与身体同时向右斜转，左足向前斜方上步弓腿。双手则向前后分开，左掌心向上，右掌心向下。(如二图)

左野马分鬃（一）

左野马分鬃（二）

(〔一四五〕〔一四六〕)

右野马分鬃（一）

右野马分鬃（二）

按：节题〔一四五〕〔一四六〕为注者所加，此处遗漏说明文字，应为“与前练法、用法相同”。

〔一四七〕（~〔一五五〕）

由上式右掌向内转下落，同时右足横上一步。左手则同时向左方抬起，掌心向内，肘处微弯。（如图）

以下六图同前。

揽雀尾（一）

揽雀尾（二）

揽雀尾（三）

揽雀尾（四）

揽雀尾（五）

揽雀尾（六）

50式〔一五三〕

单鞭（一）

50式〔一五四〕

单鞭（二）

50式〔一五五〕

单鞭（三）

〔一五六〕〔一五七〕〔一五八〕

由上式左手与左足同时向内转，左手转至腰间。同时坐左腿，右足收回半步。右手不动（如一图），右足抬起横转落实。左掌由右肘下穿出，右手收回放掌（如二图），左腿向左斜方上步弓腿，左手转上至左额外。右掌同时向左斜方推出，坐掌（如三图）。

51式〔一五六〕

玉女穿梭（一）

51式〔一五七〕

玉女穿梭（二）

51式〔一五八〕

玉女穿梭（三）

五一六零〕

由

上式左足与身体同时向右转，右手反掌在下（如四图），翻转右身。右足向右斜方上步，弓腿。同时右手自下转上，至右额上，掌心向外，左掌则向右斜方推出（如五图）。

玉女穿梭（四）

玉女穿梭（五）

〔一六一〕〔一六二〕

由上式右手自面前下落，与左肘平。左足提前如上步状（如六图），左脚向左斜方上步，弓腿。左手抬至左额上，右掌自下向左斜方推出（如七图）。

玉女穿梭（六）

玉女穿梭（七）

〔一六三〕（〔一六四〕）

由上式左足与身体同时向右转，右手在下，掌心向上（如八图）。右足向右斜方上步，弓腿。右手自下转至右额外。掌心向外，左手同时则推至右斜方，坐掌（如九图）。以上九式，皆为“玉女穿梭式”，此式所谓：四隅玉女穿梭。

玉女穿梭（八）

玉女穿梭（九）

〔一六五〕（~〔一七零〕）

由上式左手与左足同时向左横上半步，弓腿，弯肘。右手同时下落，至右膝前。（如图以下五图①同前）

52式 〔一六五〕

揽雀尾（一）

52式 〔一六六〕

揽雀尾（二）

52式 〔一六七〕

揽雀尾（三）

52式 〔一六八〕

揽雀尾（四）

52式 〔一六九〕

揽雀尾（五）

52式 〔一七零〕

揽雀尾（六）

注释

① 五图：当为“六图”。

(〔一七一〕~〔一八零〕)

52式

〔一七一〕

单鞭（一）

53式

〔一七二〕

单鞭（二）

53式

〔一七三〕

单鞭（三）

54式

〔一七四〕

云手（一）

54式

〔一七五〕

云手（二）

54式

〔一七六〕

云手（三）

54式 〔一七七〕

云手（四）

54式 〔一七八〕

云手（五）

55式 〔一七九〕

单鞭（一）

55式 〔一八零〕

单鞭（二）

〔一八一〕

由上式全身向后徐徐坐下，左手落至下方。(如图)

55式 〔一八一〕

下势（三）

〔一八二〕

由上式左手由下徐徐向上抬起，右手由后方向下，同时弓左腿。右足与右手同时抬起，曲膝，右掌与眼眉齐，左掌落至身边。（如图）

金鸡独立（一）

〔一八三〕〔一八四〕

由上式右足与右手同时退后，落下坐实。左足与左手同时抬起，曲膝，手指与眉齐，右掌落至身边。（如二三图）

金鸡独立（二）

金鸡独立（三）

(〔一八五〕～〔二二五〕)

57式 〔一八五〕

倒辇猴(一)

57式 〔一八六〕

倒辇猴(二)

57式 〔一八七〕

倒辇猴(三)

57式 〔一八八〕

倒辇猴(四)

57式 〔一八九〕

倒辇猴(五)

57式 〔一九零〕

倒辇猴(六)

斜飞式（一）

斜飞式（二）

提手

白鹤亮翅（一）

白鹤亮翅（二）

搂膝拗步（一）

搂膝拗步（二）

搂膝拗步（三）

海底针（一）

海底针（二） 山通臂（一） 山通臂（二）

白蛇吐信（一） 白蛇吐信（二） 上步搬揽锤（一）

上步搬揽锤（二） 上步搬揽锤（三） 揽雀尾（一）

66式 〔二零九〕
揽雀尾（二）

66式 〔二一零〕
揽雀尾（三）

66式 〔二一一〕
揽雀尾（四）

66式 〔二一二〕
揽雀尾（五）

66式 〔二一三〕
揽雀尾（六）

66式 〔二一四〕
揽雀尾（七）

67式 〔二一五〕
单鞭（一）

67式 〔二一六〕
单鞭（二）

67式 〔二一七〕
单鞭（三）

云手（一）　云手（二）　云手（三）

云手（四）　云手（五）　单鞭（一）

单鞭（二）　高探马

按：以上图片说明文字同前式。

〔二二六〕

由上式右手按下，左手由右掌上穿出。同时左腿上步，弓腿。（如图）

代掌穿[①]

注释

① 代掌穿：原刻本错讹，当为“代穿掌”。

〔二二七〕（〔二二八〕）

由上式转左掌左足，与身体同时向右转。左腿坐实，左手转至左耳边。右掌心向下，蹬右脚，双手同时分开，左腿微曲。（如图）

转身十字腿（一）

转身十字腿（二）

（〔二二九〕）〔二三零〕

由上式右手转下拿拳，与右足同时落下坐实，右拳落至腰间。左手由上向右方落下，转至左膝外。左足于左手落下时上步弓腿，右拳向前下方打出。（如图）

进步指挡锤（一）

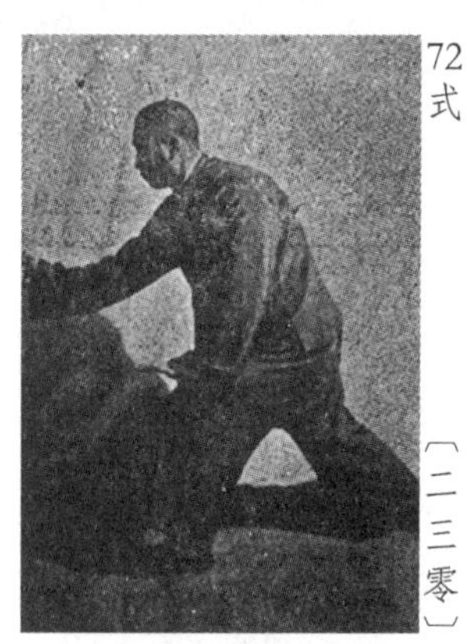

进步指挡锤（二）

（〔二三一〕～〔三四零〕）

上步揽雀尾（一）

上步揽雀尾（二）

上步揽雀尾（三）

73式 〔二三四〕

上步揽雀尾（四）

73式 〔二三五〕

上步揽雀尾（五）

73式 〔二三六〕

上步揽雀尾（六）

74式 〔二三七〕

单鞭（一）

74式 〔二三八〕

单鞭（二）

74式 〔二三九〕

单鞭（三）

74式 〔二四零〕

下势

〔二四一〕

由上式左手抬起，左足微向外转，同时弓腿。右手向下弯曲，与右足同时伸至前方。双手拿拳，作交叉式。左足坐实，右足虚上半步。(如图)

75式

〔二四一〕

上步七星锤

〔二四二〕〔二四三〕

由上式双举放掌，微向下落。右足向后抬起，坐落后方。同时双手向左右分开，右手微高，左足同时虚收半步，足尖着地。(如图)

76式

〔二四二〕

退步跨虎（一）

76式

〔二四三〕

退步跨虎（二）

〔二四四〕〔二四五〕〔二四六〕〔二四七〕

由上式左手向上转，右手向下转，双手转合至身前。左足提起，向右方转至后方。左腿坐实，身手同时圆转一圈。左手在上，右手在下。右足虚站半步，右足提高，左右双手同时向足面一拍。(如四图)

转身双摆莲（一）

转身双摆莲（二）

转身双摆莲（三）

转身双摆莲（四）

四九〕）〔二五零〕

由

上式右足向右斜方落下，弓腿。双手拿拳向上，曲至右斜方，双手由右斜方向左斜方打出。（如三图）

弯弓射虎（一）

弯弓射虎（二）

弯弓射虎（三）

〔二五一〕（〔二五二〕〔二五三〕）

由上式手松拳反掌，双手向下转。（同前如三图）

转步搬揽锤（一）

转步搬揽锤（二）

转步搬揽锤（三）

（〔二五四〕～〔二五八〕）

80式 〔二五四〕
如封似闭（一）

80式 〔二五五〕
如封似闭（二）

81式 〔二五六〕
十字手（一）

81式 〔二五七〕
十字手（二）

81式 〔二五八〕
合太极

按：董先生拍摄的这套258张拳照生动传神、惟妙惟肖，走架神态跃然纸上。拳势松沉轻灵、蓄放自如，劲整势圆、形神兼备，使读者真正体会到太极拳走架无人似有人的境界。试想：在拍照技术尚且落后的民国，能够制作成如此精美的系列图片，肯定不惜工本，倾注不少心血。再加上董先生对拳势练法注解不厌其烦，以求翔实，以方便后学按图索骥，自易明白领悟，尽快掌握要领，无疑是锦上添花，使得这套拳照更加难能可贵。再为董先生点赞！

四正推手法

四正推手，即二人推手，掤、攦、挤、按四法也。

掤，即捧上架高使对方手膊不易落下也。平掤如第一道防线，使对方不能进也。

攦，即拉也。将对方拉斜，使其立足不稳，我即有可乘之机。

挤，即逼对方不能逃也，挤住不易动也。

按，即用双手按住对方，使对方不得动也，向下按向前按均可。

练时你攦我挤，我挤你将按，你按我预掤，我掤你再按，我同时又斜攦。此四手法，上下、左右、前后，周而复始，圆转自如。二人常常练习，功久自熟，熟能生巧。久之手膊渐有知觉，即能懂劲。懂劲后，愈练愈精。初学非师傅指导不可，学识方式后即能自行练习。

四正推手图

（搭手图）

（掤）甲

乙（挤）

甲（扌履）

甲（按）

四隅推手图

（搭手图）

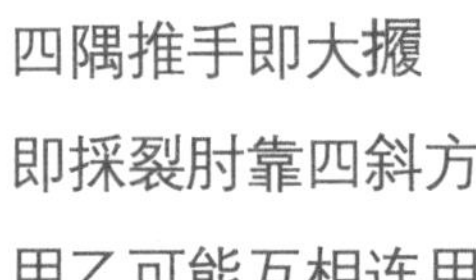

四隅推手即大攦
即採裂肘靠四斜方
甲乙可能互相连用

四隅推手法（即大攦）

四隅推手者，一名大攦。大攦者，大步长手将对方拉之旋转也。亦即两人推手时用採裂肘靠四法，向四斜方周而复始，互相推手连动，以济四正之所穷。

採，即双手抓住对方手腕，由高向下猛烈巨力一拉。(用寸劲)

裂，即将对方姿式或劲力分裂开，使其力量不能集中。（用摔动劲)

肘，即用肘直打横打，旋转打掇打。(用内劲)

靠，即用肩背靠近对方上身碰抖。(用内劲)

作此动作时两人南北对立，作双搭手右式。上图东、西、南、北为四正方，东南、西南、东北及西北为四隅方。甲及乙乃练习推手之两人。在未推手之前，两人分立于中央，南北相对。推手时（一）甲退西南，（二）乙退东南，（三）甲退东北，（四）乙退西北。合为一周。

白衣者为甲，黑衣者为乙。甲立于南方面北，乙立于北方面南。作右双搭手，即两人之右手在前，双方腕背黏粘，各以左掌抚对方之右肘尖处。双方注神前视，作准备及进攻之势。

甲左足尖向右转，右足则向后向西南斜方退一步，作骑马式（丁八步)。右臂平屈，右手掌抚乙之右腕（採），左臂屈肘。用左前臂接于乙之右臂，手心斜向上，向内作採擺之势。乙随甲之退步採擺之势，即将左足向前横进一步，提起右足，直向甲之裆中踏进。同时伸舒右臂，顺势向下。肩则随甲之採擺之劲，向甲之胸前靠去。左手则绕一小圈，抚于右臂内辅助之。时甲乙两面相对。

甲左手按乙之左腕，右手按其左肘尖（谓之“裂”)。此时是一个用法。如左足自外转向内裆中踏上一步，就可换步，换式以后仿此。

此图是单面。如行右单面，练习右手，不必按他右手，用闪法向他面用掌。乙右手随甲右手不离跟上去，甲上右足，乙退左足。两人并立不停，乙随即将右足向后东南斜方退一步，作骑马式。乙右手将甲之右腕平屈，右臂将甲之手向后向下採，左臂以肘前节擺甲之右臂。甲承乙之退步，採擺时，左足向前横上一步。即提右足直向乙之裆中踏进，作骑马式弓步。同时右臂弯肘，顺势先可用肘肩。则随乙之採擺之劲，向乙之胸部前靠。左手则绕小圈，抚于右臂内辅助之。亦可作挤势。乙左手尖抚甲之左腕外部，右手掌抚肘尖，作按势。同时提右足约与左足并立，甲亦同时收右足与左足并立。随即承乙之按劲，移右足向后东北斜方退一步，而以右手抚乙之右腕，平屈右臂，向后採之。同时屈左肘以左前臂按乙之右臂，作擺势。乙亦随甲之採擺之劲，移左足向前横上一步，起右足向甲之裆中踏进，伸左臂斜向下以顺其採擺之劲。同时用肩向甲之胸部前靠，左手向后小圈，抚于右臂内辅助之。亦作挤势。

甲即以左手抚乙之左腕外部，右手掌则抚其肘尖，作按势，并收右足约与左足平立。乙随甲之按势，亦收回右足，与左足平立。乙同时移右足向后方西北隅斜退一步，作骑马式。右手抚甲之右腕，平屈右臂，将甲之右手向后斜下採。左臂平屈左肘，用左前臂将甲之右臂作搌势。甲承乙之退步，及採搌时左足向前横出一步，及起右足直向乙之裆中踏进，作骑马式。右步，伸舒右臂，顺势向下。而右肩则随乙之採搌之劲，向其胸前靠去。左手则向后绕小圈，抚于右臂内辅助之。亦作挤势。乙左手抚甲之左腕，右手掌抚其左肘尖。同时收右足向前与左足并立，作按势。而甲亦同时收右足退至与左足并立，回复南北对立之式。是为一周。可继续循环练习，至连续若干周，则适随练者之气力所及也。

按：推手，太极拳特有之双人对练法，程式固定，如四正、四隅推手法等。推手与走架理惟一贯，走架如同与无形者推手，推手如同与有形者走架。所谓：走架即是推手，推手即是走架。无人当作有人，有人当作无人。走架练习知己功夫，推手获得知人功夫。知己知彼，方能百战不殆。而能知己，才能知彼。故，必须先学走架，后习推手。待走架熟练之后，再行推手。二者互为补充，均不可懈怠。董先生介绍推手法甚详，图文并茂，读者自可摩学。

五行步法

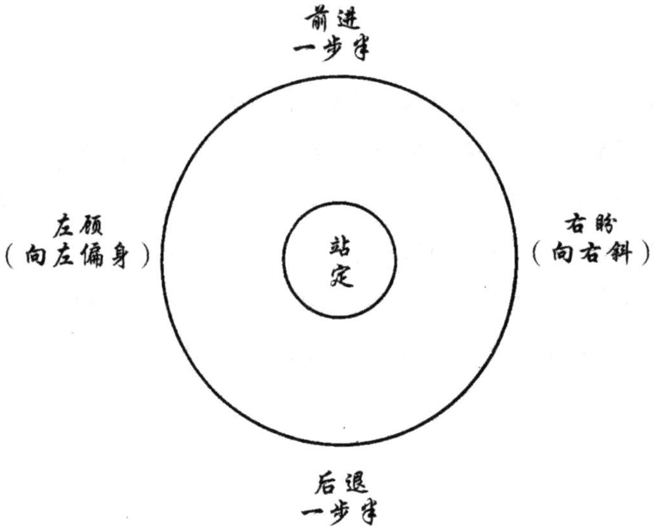

前进
一步半

左顾
（向左偏身）

站定

右盼
（向右斜）

后退
一步半

五行步法，即金、木、水、火、土，五行方位变化为此五步。

进步属火，退步属水，左顾属木，右盼属金，站定即中土。

此为太极拳术基本步法，推手散手均适用。中定站稳，左右能换步，进退自如。

太极剑式（共五十一式）

三环套月	魁星式	燕子抄水	左右拦扫
小魁星	燕子归巢	灵猫捕鼠	凤凰抬头
黄蜂入洞	凤凰右展翅	小奎星	凤凰左展翅
等鱼式	左右龙行	宿鸟投林	乌龙摆尾
青龙出海	风卷荷叶	左右狮子摇头	虎抱头
野马跳涧	勒马式	指南针	左右迎风掸尘
顺水推舟	流星赶月	天马行空	挑帘式
左右车轮	燕子衔泥	大鹏展翅	海底捞月
怀中抱月	哪吒探海	犀牛望月	射雁式
青龙探爪	凤凰双展翅	左右舍拦	射雁式
白猿献果	左右落花	玉女穿梭	白虎搅尾
鱼跃龙门	左右乌龙绞柱	仙人指路	朝天一指香
风扫梅花	牙笏式	合太极	

按：杨澄甫先生无剑式资料，其长子振铭（1911—1985年）剑法有传，势名谨列于下，供读者比较、参考。

1. 起势　　2. 三环套月

3. 魁星势
4. 燕子抄水
5. 左右拦扫
6. 小魁星
7. 燕子入巢
8. 灵猫扑鼠
9. 凤凰抬头
10. 黄蜂入洞
11. 凤凰右展翅
12. 小魁星
13. 凤凰左展翅
14. 等鱼势
15. 左右龙行势
16. 宿鸟投林
17. 乌龙摆尾
18. 青龙出水
19. 风卷荷叶
20. 左右狮子摇头
21. 虎抱头
22. 野马跳涧
23. 勒马势
24. 指南针
25. 左右迎风掸尘
26. 顺水推舟
27. 流星赶月
28. 天马飞瀑
29. 挑帘势
30. 左右车轮
31. 燕子衔泥
32. 大鹏展翅
33. 海底捞月
34. 怀中抱月
35. 哪吒探海
36. 犀牛望月
37. 射雁势
38. 青龙探爪
39. 凤凰双展翅
40. 左右跨拦
41. 射雁势
42. 白猿献果
43. 左右落花势
44. 玉女穿梭
45. 白虎搅尾
46. 鱼跳龙门
47. 左右乌龙绞柱
48. 仙人指路
49. 朝天一柱香
50. 风扫梅花
51. 牙笏势
52. 合太极

太极刀歌诀

七星跨虎交刀势，腾挪闪展意气扬。左顾右盼两分张，白鹤展翅五行掌。风卷荷花叶内藏，玉女穿梭八方势。三星开合自主张，二起脚来打虎式。披身斜挂鸳鸯脚，顺手推舟鞭作篙。下势三合自由招，左右分水龙门跳。卞和携石凤还巢，吾师留下四刀赞，口传心授不妄教。

附四刀用法：斫[①]剁、刬[②]、截割、撩腕。

注 释

① 斫：当为“斫”，音 zhuó，意为用斧、刀砍。

② 刬：音 chǎn。

太极枪

第一枪刺心，第二枪刺腿，第三枪刺膊，第四枪刺喉。（以上为粘黏四枪）

第一枪刺心，第二踏刺膀，第三枪刺足，第四枪刺面。（以上为四散枪。总上八枪为体）

第一枪採枪，第二枪㧐枪，第三枪扔枪，第四枪铲枪。（以上四枪为用）

第十三枪为缠枪。（即如司令，万法可用）

剑、刀、枪各式均录于前，因身法复杂无法制图。总之太极拳成功，各项兵器随心所欲，持兵器接长两手而已。其挑、拨、刺、砍、削、拖之劲，完全以打拳所得之内劲用之。其招架之灵感，亦在拳内求之。功夫纯熟，可生千百眼，千百手。此非言大而夸也，读者贯通后，当知所言非虚。

自古拳术名称本无一定，多数以形取名，以名取义，以义收其功效。太极拳亦然，快拳也不外如是。

按：器械，无论剑、刀、枪，均如“接长两手”，故拳法之练习原则、要领等，同样适用于器械。然，剑如灵蛇、刀呈虎威、枪似游龙，其势各异。剑法，抽、带、提、撩、截、点、崩、托、挂、劈、刺、挑、剪；刀法，劈、扫、撩、砍、崩、挑、格、拦、托、刺、抹、截、按；枪法，掤、挑、合、缠、崩、劈、点、扎、拨、撩、带、滑、截。均为十三势。熟练之，则于拳技大有补益，不可或缺。

太极快拳（又名英杰快拳）

揽切衣（快）	单　鞭（快）	合　劲（慢）
仙鹤张翅（微停）	托琵琶（慢）	转琵琶（慢）
裂　掌（快）	跳步搬揽捶（快）	连环圆封闭（快）
豹虎回山洞（快）	挫掌簸箕式（慢）	进退闪战（圆转）
大鹏腾空（凌空）	撞肋捶（慢）	白猿闪身（退慢）
凤凰斜展翅（微停）	返身搬按捶（微停）	进步揽挫衣（快）
连环式（快）	刁　手（快）	左闪右避（慢）
探马式（慢）	英雄独立（快）	腾身法（快）
撩　掌（慢）	凤还巢（快）	太极还元（立稳）

快拳是由上乘功夫，经实用而发明，有慢有快。慢是以静待动，快是发劲神速。有阴阳，有虚实，有精神，有蓄神。身法巧妙，姿式精彩。然非有三年以上功夫，不易领略也。妙法甚多，待出专书详论之。

董英杰太极快拳缘起

太极拳非不可以新发明，亦非人人可以能发明。有董老师高深功夫，能文能武，文武兼全而后可。董老师为太极拳术界老前辈，南中国第一名师也。以练拳三十年之经验，发明一套太极快拳。此拳令人精神奋发，人人悦意学习。特长有三：（一）精彩，（二）实用，（三）神速。既为董老师所发明，故可称曰“董英杰太极快拳”。其练法与用法合一，体用兼备，寓武于文。一举两得，事半功倍。诚太极之光辉，后学之福音也。

黎仙裁

按：太极拳不能固步自封，不能一成不变，“可以能发明”。它与时与势俱进，不断创新，符合事物发展的普遍规律，“太极快拳”就是一次有益尝试。“快拳是由上乘功夫，经实用而发明……妙法甚多……”此为专门研习技击者而编创的练功架。快，并非势势快练，而是快慢相间。“慢，是以静待动，快是发劲神速。”看来，太极拳行功走架于柔和缓舒中加入发劲动作概由董先生始。

河北董英杰先生著

太极拳释义

玄玄子署

编著者　董英杰

发行人　董英杰

发售处　英杰太极健身院　香港轩鲤诗道三百一十八号二楼

代售处　各埠英杰太极拳学院　各大书局

承印者　中华书局香港印刷厂　香港九龙北帝街马坑涌道

太极法说　　定价：65 元
二水居士　校注

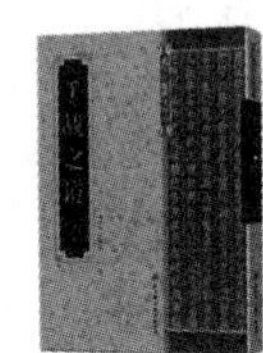

手战之道　　定价：65 元
赵　晔　沈一贯　唐顺之　何良臣
戚继光　黄百家　黄宗羲　著
王小兵　校注

百家功夫丛书

张策传杨班侯太极拳 108 式
（配光盘）　　定价：48 元
张　喆　著　韩宝顺　整理

河南心意六合拳
（配光盘）　　定价：79 元
李洳波　李建鹏　著

形意八卦拳　　定价：48 元
贾保寿　著　武大伟　整理

王映海传戴氏心意拳精要（配光盘）
定价：198 元
王映海　口述　王喜成　主编

张鸿庆传形意拳练用法释秘
邵义会　著

戴氏心意拳功理秘技
王　毅　编著

传统吴氏太极拳入门诀要
张全亮　著

华岳心意六合八法拳
张长信　著

程有龙传震卦八卦掌
奎恩凤　著

刘晚苍传内家功夫及手抄老谱
刘晚苍　刘光鼎　刘培俊　著

民间武学藏本丛书

守洞尘技　　崔虎刚　校注

通臂拳　　崔虎刚　校注

心一拳术　　李泰慧　著　崔虎刚　校注

少林拳法总论　　崔虎刚　校注

少林秘诀　　崔虎刚　校注

老谱辨析点评丛书

再读浑元剑经　　马国兴　著

再读王宗岳太极拳论　　马国兴　著

太极拳近代经典拳谱探释　　魏坤梁　著

再读杨式老谱　　马国兴　著

再读陈氏老谱　　马国兴　著

拳道薪传丛书

三爷刘晚苍——刘晚苍武功传习录
定价：54 元
刘源正　季培刚　编著

慰苍先生金仁霖——太极传心录　金仁霖　著

习武见闻与体悟　陈惠良　著

中道皇皇——梅墨生太极理念与心法　梅墨生　著

乐传太极与行功
乐　匋　原著　钟海明　马若愚　编著

民国武林档案丛书

太极往事　季培刚　著

图书在版编目（CIP）数据

董英杰太极拳释义/董英杰著；杨志英校注. —北京：北京科学技术出版社，2017. 7

（武学名家典籍丛书）

ISBN 978 – 7 – 5304 – 8635 – 1

Ⅰ. ①董… Ⅱ. ①董… ②杨… Ⅲ. ①太极拳 – 基本知识 Ⅳ. ①G852. 11

中国版本图书馆 CIP 数据核字（2016）第 280138 号

董英杰太极拳释义

作　　者： 董英杰
校 注 者： 杨志英
策　　划： 王跃平
责任编辑： 胡志华
责任校对： 贾　荣
责任印制： 张　良
封面设计： 张永文
封面制作： 木　易
版式设计： 王跃平
出 版 人： 曾庆宇
出版发行： 北京科学技术出版社
社　　址： 北京西直门南大街 16 号
邮政编码： 100035
电话传真： 0086 – 10 – 66135495（总编室）
0086 – 10 – 66113227（发行部）　0086 – 10 – 66161952（发行部传真）
电子信箱： bjkj@ bjkjpress. com
网　　址： www. bkydw. cn
经　　销： 新华书店
印　　刷： 保定市中画美凯印刷有限公司
开　　本： 787mm × 1092mm　1/16
字　　数： 195 千字
印　　张： 22. 75
插　　页： 4
版　　次： 2017 年 7 月第 1 版
印　　次： 2017 年 7 月第 1 次印刷
ISBN 978 – 7 – 5304 – 8635 – 1/G · 2556

定　　价：98. 00 元